柏拉圖

Plato: A Very Short Introduction

Plato: A Very Short Introduction

# 柏拉圖

朱莉婭·安娜斯(Julia Annas)著

高峰楓 譯

# OXFORD
UNIVERSITY PRESS

Oxford University Press is a department of the University of Oxford.
It furthers the University's objective of excellence in research, scholarship,
and education by publishing worldwide. Oxford is a registered trade mark of
Oxford University Press in the UK and in certain other countries

Published in Hong Kong by
Oxford University Press (China) Limited
39/F, One Kowloon, 1 Wang Yuen Street, Kowloon Bay, Hong Kong

柏拉圖

朱莉婭·安娜斯 (Julia Annas) 著

高峰楓 譯

ISBN: 978-0-19-941662-2

1 3 5 7 9 10 8 6 4 2

# 目　錄

# 圖片鳴謝

# 第一章
# 知識與意見[1]

## 陪審團的問題

　　假如你是陪審團成員，正在聽張三講述他被襲和遭搶的經過。他講得細節生動，沒有破綻，你完全相信他的說法，你相信罪行嚴重，而張三深受其害。這便是真實的意見。張三的確遭受了襲擊。

---

1　作者在這一章討論柏拉圖的認識論，其中最重要的兩個概念是「知識」（knowledge）和「意見」（belief，也有譯作opinion）。為使讀者先明瞭這兩個概念之間的區別，特摘錄嚴群先生對此所作的辨析（載嚴群編著的《柏拉圖》一書，世界書局，民國23年，頁34–35）：

（一）意見有真有假，有對有不對；理性知卻沒有真假、對不對的含糊［案：「理性知」就是「知識」］；

（二）意見對於任何事物，都不能有洞察明辨之功，縱使所見偶爾不差，畢竟缺少必然性，而信之不篤、守之不堅；理性知卻不然，它所見的的確是真理，有必然性，而且信之篤、守之堅；

（三）至於來源，則意見盡可被人遊說、勸誘而如此這般地主張，易出易入，相信得快，動搖得也快；理性知卻只能受人開導、指點，難出難入，不易相信，也不至動搖；

（四）再論對象：理性知的對象是純粹的「有」（pure being）；意見的對象則介於「有」與「非有」（non-being）之間，參雜感覺成分、變幻無常的東西，所以意見是介乎知與無知（knowledge and ignorance）之間的一種狀態；

（五）就範圍說，隨便什麼人都能有意見，理性知卻限於少數人。

可是你真的知道他被襲擊嗎？這種擔心乍一聽上去非常奇怪，因為你已掌握最有力的證據。但你不妨再細想一下：此間是法庭，張三正提出指控，被指襲擊他的人準備提出反駁。你能否確信，你之所以深信不疑，是因為張三說了實話，還是因為他描述這樁案子的方式說服了你？如果是由於後者，那你可要當心了。因為即使張三沒有說實話，你還是可能照樣相信他。另外，就算他說了實話，他的證據足以證明他被人襲擊了嗎？也許這都是精心設計好的圈套，畢竟你本人沒在現場，沒有親自目睹事件的經過。因此我們自然也可以得出這樣一種結論：你其實並不知道張三被人打了，你只是有一種真實的意見，而沒有確定的理由懷疑其真實性。

在《泰阿泰德篇》中，柏拉圖提出上述問題。年輕的泰阿泰德問道：若不是真見，那麼知識究竟為何物？無論如何，若你有真見，你便不會出錯。但泰阿泰德在和蘇格拉底談話（關於蘇格拉底第二章還會談到），年長的蘇格拉底如往常一樣，發現了問題。在公開場合勸說別人是可以通過嫻熟的技巧來完成的。他指的是律師需具備的技巧，只是在當時的社會制度中還沒有職業律師。受害者必須要作陳詞，而許多人往往花錢僱專職的訟師，因為他們要說服的不是12人的陪審團，而是由501人組成的陪審團。

## 《泰阿泰德篇》

《泰阿泰德篇》是柏拉圖引人入勝的一篇對話，也是頗令人費解的一篇。蘇格拉底稱自己像他母親一樣是一名接生婆：他把思想從人們心中接引出來，隨後檢驗這些思想是否經得起理性的推敲。關於什麼是知識，他不願發表自己的意見(但可以看出他熟諳其他哲人的著作)，他只是逐一批駁了年輕的泰阿泰德所提出的關於什麼是知識的各種論斷。泰阿泰德認為如果你真正「知道」某事，便不會出錯，因此他提出「知」乃是「覺察」，後又提出真知乃是真見，後又補充，有真見而且能夠證明或「給個說法」。所有這些說法都不能成立。對話結束之時，我們一片茫然，唯獨清醒地意識到我們並無能力充分定義「知」。蘇格拉底執意破除他人的妄見，而從不自己立說，因此這篇對話成為柏拉圖傳統中一篇關鍵作品。柏拉圖給後人的啟示在於，尋求真理的方法在於質疑那些自認為掌握真理者(這是蘇格拉底在對話中的一貫做法)，而不用自己下哲學論斷。其他人注意到，在其他對話中柏拉圖對「知」的本性有明確、大膽的論斷，因此他們便認為柏拉圖在《泰阿泰德篇》中清除掉的，只是那些錯誤的知識論。在這篇對話中，蘇格拉底是其他人思想的接生婆，沒有自己的「孩子」，這與其他對話中(比如《理想國》)信心十足、放言高論的蘇格拉底十分不同。讀者對此必須有自己的判斷(第三章中我們會討論古人和今人對此問題的解答)。

蘇格拉底繼續說：

蘇格拉底：他們不以其術教導，以其術馳辯而說服，使人依其意旨而成見。你想有如此高明的教師，在幾個滴漏的時間，能把被劫財物或遭其他橫暴者的真相，充分指教當時不在現場目睹的人？

泰阿泰德：我想他們斷不能教導，只能馳辯以說服。

蘇格拉底：你想，說服人是否使人持某種意見？

泰阿泰德：可不是？

蘇格拉底：關於非目睹不能知的事實，審判官信服公正的訴說、採納真實的意見、憑耳目而判決，判決雖確，畢竟非憑知識，乃由於被正確地說服；是不是？

泰阿泰德：完全是的。

蘇格拉底：朋友，在法庭上，真實的意見若與知識為同物，第一流的審判官決不能缺知識而有真實意見以作正確判斷；今則二者顯得各異。

（《泰阿泰德篇》201a–c）[2]

這點聽上去令人信服，也許顯得再明顯不過了。但是，就像陪審團一樣，我們也可以問一問：我們是否應該確信無疑？為什麼陪審團不能知道張三遭到搶劫？

2　中譯文用嚴群的譯文，見《泰阿泰德・智術之師》（商務印書館，1963 年），頁103–104。譯文略加改動，以與全文呼應。

**如何引證柏拉圖著作**

1578年，出版商亨利‧艾蒂安(Henri Etienne，他的姓氏拉丁文拼寫方式為Stephanus)在巴黎首次印刷出版了柏拉圖著作集。新興的印刷術使更多人得以閱讀柏拉圖，而且人們第一次可以準確地引證對話錄中的具體段落，因為大家用的是有相同頁碼標記的本子。我們至今仍然用這一本的頁碼來引用柏拉圖(比如說，200就代表Stephanus本上面的第200頁)，再加上從a到e的5個字母將同一頁從上到下劃分成5個部分。在大多數柏拉圖原文和譯本上，頁邊空白處都印有「Stephanus頁碼」。不管讀者看到的本子是怎樣編排的頁碼，一提到「200e」，大家就能很方便找到原文中相應的段落。

## 知識的必備條件

柏拉圖稱陪審團尚不具備知識，理由之一在於，他們被某人說動，而此人的目的就是要使陪審團相信自己的話。就這個案子而言，他已說服他們相信了事實真相，但我們也可以這樣想，即使他講了不實之詞，他同樣有能力使陪審團相信他的話。乍一看去，這種擔心實屬杞人憂天：如果你已通過某種方式獲得了真實的意見，為什麼還要擔心別人會以同樣方式勸說你接受虛假的意見呢？沒有發生之事如何能讓你懷疑已經發生之事呢？其實，對勸誘有所懷疑，不無道

理。因為遭懷疑的是獲得意見的途徑。如果沿着這條途徑，我既能獲取正確意見，又能獲取錯誤意見，那麼它便不能保證我只能獲得正確意見。大多數人會懷疑，通過這一途徑所獲的意見是否就是知識。

這段話中提出的另一個理由是，陪審團被説服而認可的事實（就是指張三遭搶），若你不在現場，沒有目擊全過程，你便不可能有確定的知識。就算我們相信張三説了實話，我們現有的只是間接敘述，與張三自己獲知的途徑完全不同。他親歷、目睹了搶劫過程；我們只是道聽途説而已。就算講得天花亂墜，也不過是如説書一般。只有在場目擊者才能有確定的知識。這點聽上去有點牽強。如果知識僅僅限於直接經驗到的第一手材料，那麼我們能知道的便極其有限，因為我們間接讀到、聽到的便不能算作真正的知識。但這裏涉及一非常重要的思想：他人絕不能替你或為你獲得事物的知識。所謂知識，一定是你個人獲得相關的意見。至於到底什麼是自家獲得意見，這要視意見的性質而定，但就張三被搶一事來説，若要自己獲得見解、不假他求，那唯一的途徑便是在現場親眼目睹。

**留給我們的問題**

柏拉圖給了我們兩個理由，來證明陪審團的真實意見不能等同於知識。這兩個理由都很有道理，但二

者有何聯繫？勸誘他人帶來一個問題：這一途徑不能保證我們從別人那裏獲取的意見為真。若這一問題成立，則意味着一定會找到同樣的途徑能夠確保我們獲得真知。蘇格拉底抱怨説，受害者要説服陪審團，但發言的時間太短，而且法庭上感情因素太多，不能使陪審員所獲的意見接近真知。這樣的抱怨並非無的放矢，它説明我們能找到某種獲得意見的方式來克服上述不利因素，比如沒有時間限制，比如每一位陪審員都能沒有任何顧慮、充分盤問證人和受害者。如此説來，我們似乎可以假定，存在一種傳達意見的方式等同於真知，只是這決不是勸誘。

第二點説明：任何傳達意見的方式，不管多麼小心多麼審慎，都不能等同於知識，因為任何得自他人的意見都是間接的，都是你不曾真正知道的，因為那不是你自己親身獲得的真知。依賴他人的見證，不管這見證多麼真實，永遠也不同於自己親身體驗。

問題在於：第二點反對意見似乎與第一點矛盾。第二點認為，知識不能被傳達，必須由每個人獨立獲得。但第一點雖質疑勸誘這種方式，卻似乎暗示：有可能存在一種從他人處獲得意見的方式，可以等同於知識，因此知識便是可以傳達的。

## 讀者參與

到此地步，讀者必須仔細想想這段話，她[3]必須想想柏拉圖的用意所在。最簡單化的回答是：柏拉圖讓蘇格拉底表述了相互矛盾的知識論，因為柏拉圖本人也是稀裏糊塗，沒有意識到他要求知識既可以傳達、又不可傳達。讀者若不體察柏拉圖的用心，便無須再深究了。

但我們還需深思。別忘了，蘇格拉底在這篇對話中反復強調，他並沒有發表一己之見解，而只是駁斥他人的謬說。泰阿泰德提出，真實的意見可以等同於知識，而蘇格拉底對此提出兩點反駁，有力地批駁了泰阿泰德的看法。難道我們會認為，作者柏拉圖竟然絲毫未察覺到這兩點反駁之間相互抵牾麼？我們不應作如是觀。（我們也可以認為作者早已看出這其間的矛盾，而且他筆下的蘇格拉底對此矛盾也了然於胸。當然這是一個更深層的問題，讀者不必同意我的看法。）《泰阿泰德篇》中的論辯深奧而微妙，因此比較合理的解釋是，柏拉圖自己深明這兩條反駁之間的關聯如何。

為何柏拉圖並未覺得有何不妥呢？此處我們必須認真對待蘇格拉底的話，因為他在對話中強調他僅限

---

3　本書作者為女性，因此書中凡用單數第三人稱作為泛指的時候，作者一律用「她」（she）。譯者尊重作者的女權主義立場，故譯文中一概用「她」字。

圖1　柏拉圖頭像

於駁斥他人的觀點。這並不代表他沒有自己的主張，而是說對話的重點不在提出這些見解。蘇格拉底認為泰阿泰德的觀點站不住腳，他提出兩點反駁，即使這兩點反駁本身相互矛盾，也不能動搖蘇格拉底的結論。關鍵在於，當我們或者柏拉圖提出確定的知識論之時，需要意識到這一問題的存在。

在另一部對話《美諾篇》(87b–c)中，我們又發現「知識可以傳授」這一論點，這一點被當作定論來接受。但還是在《美諾篇》中，我們發現柏拉圖的另一個著名論點——「知識乃是回憶」。蘇格拉底和一個男童[4]展開對話，這個男童不懂幾何，但蘇格拉底帶領他完成了一個幾何學論證。論證本身很簡單，但其中一步讓這個男童覺得與直覺相衝突。蘇格拉底帶領他完成論證之後，說(85c)這個男童現已掌握有關這個題目的真實意見，但「如果有人頻繁地以多種方式向他問起這樣的事，你知道他最後就會確切地認識到這些東西，如同現在這樣明白」[5]。蘇格拉底傳授的辦法是，將證據交給他，最後這個男童能夠自行獲得正確的知識。這個男童直到自己行動起來，努力理解證據，他才真的獲得了知識。這個男童必須自己領會證據，因唯有他自己才能領會。蘇格拉底不能替他領

---

4　這名男童是美諾家的一名隨從，王太慶譯為「小廝」。

5　譯文見王太慶所譯《柏拉圖對話集》(商務印書館，2004年)，頁182。

會。但蘇格拉底可以傳授知識，就是説，他可以將證明傳達給男童，最終使男童能自己盡力。這樣我們就明白，一方面知識可以傳授，另一方面知識必須由每個人自己獲取。進一步講，柏拉圖稱此為「回憶」，因為當男童逐步領會了證明時，柏拉圖認為他的靈魂已然回想起在投生之前所擁有的知識，也就是在男童出生之前就已獲得的知識。當然，從這樣的討論不一定非要得出回憶説的結論，這不過是柏拉圖以驚世駭俗的方式來解釋論辯的結論而已。

## 與柏拉圖爭辯

　　從很多方面來説，《泰阿泰德篇》中關於陪審團一段能讓我們很好地初步瞭解柏拉圖的寫作方式。我們立刻發現，必須要注意柏拉圖是如何寫作對話的，特別要注意在支持自己觀點或批駁他人觀點時，辯論到底扮演了什麼角色。我們還發現讀者自己也被帶進了辯論中，即使蘇格拉底在對話中輕鬆取勝，她也需要質疑柏拉圖的論點。我剛才簡單地談到《美諾篇》中的辯論，這也可以讓我們瞭解柏拉圖寫作的另一特徵。在《泰阿泰德篇》中，柏拉圖既主張知識可以傳授，又提出知識要求個人的直接經驗。如果我們用一個生活中的例子（比如陪審團判案），我們便會發現問題。在《美諾篇》中，我們仍然找到兩個觀點，但是

彼此並無衝突。但是《美諾篇》中的辯論圍繞一個幾何學論證，這一論證中所涉及的知識與陪審團斷案大相徑庭。幾何學證明乃是明晰、抽象的，遠離日常經驗，其中自有重要的道理要我們去領會和傳授。無怪乎當柏拉圖思考「知識」這一概念時，他心目中的「知識」是非常狹義的概念，絕非我們隨隨便便說的那些尋常知識。如果我們細想斷案和幾何證明這兩例的區別，我們便明白他這樣做的用心。在斷案的例子中，知識就是指目擊犯罪，而《美諾篇》中「理智」這一概念的範圍則要窄得多。

柏拉圖最知名的理論大概是「理念說」，也就是他關於什麼是「真」、我們能知道些什麼的那一番宏論。「理念」在《美諾篇》和《泰阿泰德篇》中均沒有提及(我們稍後還會討論)，但在這幾部作品中我們能找到一些思路，有助於我們理解柏拉圖關於理念的論述。

柏拉圖的寫作方式激發我們與他爭論。他還提出了一些大膽的哲學論斷，思想之驚世駭俗、表達之新奇壯麗，古往今來，少有人及。(「知識乃是回憶」即是著名一例。)對柏拉圖的解讀經常過度強調一方面而忽視了其他。有時人們以為他最為關注如何激發讀者的興趣，而對表達明確的思想不以為意。而還有一些時候，人們把他當作大膽、獨斷、我行我素的理論家，對於辯論毫無興趣。實際上，柏拉圖既鍾情於論

辯，又愛發奇談怪論，往往採用微妙精深的方式，讓人難以把捉。若能牢記此點，讀柏拉圖當有所收穫。這篇柏拉圖導讀無意討論柏拉圖思想的方方面面，也不想提供解讀柏拉圖的秘方，而是想讓讀者與柏拉圖多多親近，而且若有可能，希望讀者日後能對柏拉圖自行鑽研。

# 第二章
# 生平與師承

## 名字還是綽號？

　　柏拉圖不一定真叫柏拉圖。大家可能覺得很奇怪： 難道這事還有爭議嗎？柏拉圖流傳下來的著作無不冠以「柏拉圖」的名字，但在古代傳記文獻中，卻有一派認為「柏拉圖」只是廣為流傳的綽號，而這位哲人的本名應該是阿里斯托克里斯(Aristocles)。這種說法也有一些憑證。柏拉圖的祖父名叫阿里斯托克里斯，而依古人慣例，長子可以與祖父同名。只是我們缺少其他旁證，來證明柏拉圖確是家中長子。而且「柏拉圖」聽上去也不大像一個綽號，在當時這是一個頗常見的名字。另外，相關的解釋也難以令人信服。比如說，plato(柏拉圖)這個字和platus很相像，後面這個字意思是「寬」，因此有人認為柏拉圖曾是一名肩寬背厚的摔跤手，或者因為他筆法多變、文風很「寬」的緣故。這些不過是臆測而已，我們決不至於斷言柏拉圖曾改名，或者聽任別人給他安上另一個名字。但如何解釋關於阿里斯托克里斯的說法呢？我

們不知道，也無從斷定。這自然令人沮喪。一個人改名字可是人生的一件大事，可是這件事我們卻無緣確認。

我們掌握的有關柏拉圖的古代文獻材料經常讓我們陷入這種困境。關於柏拉圖的古代傳記中有大量故事，如果這些故事都信實可靠，我們自然能獲知有關柏拉圖個人很多有趣的信息。只是這些故事往往不堪一擊。

## 事實與傳聞

柏拉圖於公元前427年生於雅典，卒於公元前347年。有關他的家世，我們瞭解得相當清楚。

從很早開始，柏拉圖就被視為傑出的哲學家和文學家，關於他自然有種種傳聞。但是直到幾代人之後，才出現記述柏拉圖生平、可以被稱為傳記的作品。在柏拉圖生前，無人留意此點。柏拉圖的生平行事，有案可查的已然所剩無幾，但是人們已開始關注對話後面的作者本人（如今我們許多人也是如此）。因此我們找到一些柏拉圖生平的記述，其中人們往往借助他的生平行跡來解釋某篇對話中的某段為何這樣寫，特別是一些讓人摸不着頭腦的段落。比如，有人說柏拉圖曾去過埃及求法。這種說法並非完全是天方夜譚。實際上，許多古代哲學家據說都去過埃及，特

## 柏拉圖的家世

柏拉圖的父親阿里斯通（Ariston）和母親佩里克提奧妮（Perictione）均出自雅典名門世家。柏拉圖在其對話《克里底亞篇》中，將其祖先追溯到公元前六世紀的政治家梭倫（Solon）。梭倫在執政期間實施改革，將雅典引向後來的民主制。柏拉圖有兩個嫡親兄弟，一個叫格老孔（Glaucon），一個叫阿德曼圖（Adeimantus），都曾出現在其對話《理想國》中。阿里斯通去世後，柏拉圖的母親嫁給了派里蘭皮斯（Pyrilampes），此人已有一子，名叫迪默斯（Demos，在柏拉圖對話《高爾吉亞篇》中被提及）。柏拉圖母親佩里克提奧妮再婚之後，又生一子，名叫安提封（Antiphon）。柏拉圖這位同母異父的弟弟一開始也研習哲學，但很快就失去了興趣。在《巴門尼德篇》中，正是由安提封來敘述整場對話。柏拉圖的繼父派里蘭皮斯有強烈的民主傾向（他兒子的名字迪默斯在希臘文中就是「人民」的意思）。公元前404年，雅典在曠日持久的伯羅奔尼撒戰爭中以慘敗告終，一群仇視民主制的人士發動了一場政變，建立了三十人政府（史稱「三十僭主」）。這三十人當中就有柏拉圖母親佩里克提奧妮的兄弟里克底亞（Critias），及她的侄子卡爾米德（Charmides），二人都在《卡爾米德篇》中現身。一場內戰使柏拉圖的家人反目成仇。我們不知道柏拉圖自己持何種政治觀點，人們一直對此大加猜測。由於蘇格拉底是被恢復的民主制政府判處死刑，很有可能柏拉圖對民主制懷有敵意。

別是在古代晚期[1]曾流行一種學說，認為希臘的智慧實際上來源於更古老的東方諸國。《法律篇》中有一段話也許能說明柏拉圖親眼見過古埃及風格化的藝術（他認為遠勝過古希臘標榜創新的藝術），但據此我們還不能貿然下結論。這到底是有助於理解《法律篇》的一條史料，還是從對話這一段中衍生出來的傳聞，我們也不得而知。

因為我們沒有其他可靠的材料來源，所以不能像瞭解後代哲學家那樣瞭解柏拉圖的性格特徵。在他的對話中，他從不以自己的聲音發話。無論我們對此作何解釋，都不能通過稽考其生平來繞過這一問題。我們對他生平的看法無可避免地要受制於他創作的對話。

## 不同的解釋

幾乎與柏拉圖同時代，關於他的身世有兩種不同的解釋。他的外甥斯佩烏希普斯[2]，柏拉圖一派哲學的繼任者，就認為柏拉圖真正的父親不是阿里斯通，而

---

1　所謂「古代晚期」（Late Antiquity）指從所謂「古典時代」（Classical Antiquity）向中世紀過渡的歷史階段，具體起止年代並無統一標準，比較寬泛的說法是上起公元二世紀，下至七世紀（見著名學者Peter Brown的概述，*The World of Late Antiquity*, London: Thames and Hudson Ltd., 1971; Norton Paperback, 1989. 一書前言）。

2　斯佩烏希普斯（Speusippus，約公元前407–前339），柏拉圖的外甥，繼柏拉圖之後執掌雅典的學園。據後人記述，他的著作卷帙浩繁，今只存一些殘篇。

圖2　古埃及藝術一例。雕塑家烏色維爾（Userwer）的石柱，第十二王朝。

## 柏拉圖論希臘與埃及藝術

《法律篇》中主要的發言者是一個雅典人，他宣稱如今希臘人瘋狂地追求創新和新風格。欲救此弊，希臘人必須學習埃及人如何將藝術風格定於一尊，如何不要偏離傳統。

雅典人：很早以前，埃及人就認識到我們現在所論的原則，就是説，城邦中年輕人平日所歌所舞應合於規範。埃及人將符合要求的歌曲和動作開列出來，展示於宗廟之中。明令禁止畫家和其他工匠革新和創造任何不合傳統的東西。即使現在，這項禁令對於畫家、工匠、以及一般藝術都依然有效。如果你留意的話，會發現一萬年前（我絲毫也不誇張）的繪畫或雕塑與現在的藝術品相比，並無二致，而且技法也相同。

克萊尼阿斯（Cleinias）：真是不可思議。

雅典人：其實不過是立法者與政治家別具匠心的創制而已。

（《法律篇》656d–657a）[1]

這段話中有些地方顯示柏拉圖曾見過埃及藝術，有些地方則顯示他不曾見到過。但不管怎樣，都不會影響他的觀點：在藝術領域，固定的程式化風格優於對傳統的發展和創新。

---

1　根據作者英譯文譯出。

是日神阿波羅。隨即便有一整套傳說流傳開來：柏拉圖生於阿波羅的誕辰日；一群蜜蜂飛來，停在嬰兒的嘴唇上；蘇格拉底在遇到柏拉圖之前夢見一隻天鵝，而天鵝正是阿波羅的神鳥。把柏拉圖看成是個半人半神的人物，這在我們現代人看來是荒誕離奇、不足為信的，而古人對此則習以為常，很多古代的名門大戶都自稱是諸神的後裔。翻譯成現代語言，這等於說柏拉圖是一個天才，一個出類拔萃、才智超群的人，完全超越他所生活的歷史環境。關於哲學家畢達哥拉斯（Pythagoras），後來也有類似的傳說。人們認為柏拉圖超凡脫俗，是因為其哲學體大思精。若以這種方式看待他，那麼最重要的莫過於那些宏大的論斷，而他求道過程中的具體論辯和思想，倒反在其次了。尤其在古代晚期，柏拉圖被視為超拔於凡人之上的思想巨人，一位有超人智慧的聖哲。在柏拉圖著作中（特別是《蒂邁歐篇》）不難找到相關的段落，刺激了類似傳說的形成。

與上述「阿波羅之子」傳說迥然不同的是另一派的說法，主要在所謂的「第七書」中。在柏拉圖流傳下來的著作當中，有十三篇據稱是他寫給多人的書簡。這十三篇中，絕大部分都是晚出的作品，但第七和第八篇當中沒有明顯與時代不合的細節。「第七書」當中包括一部分所謂的柏拉圖自傳，敘述其早年政治上的幻滅，以及後來幾次秘密造訪位於西西裏島上的敘拉古城邦，力圖遊說城邦僭主狄奧尼西奧斯二

圖3　古希臘藝術一例。刻有戴克西琉斯(Dexileos)像的紀功碑，公元前
　　　四世紀。

世(Dionysius II)採納更合理的政治制度。古人大都將這封信視為真作,以此闡明柏拉圖何以對政治哲學採取如此理想化的處理。在19世紀和20世紀,更有人根據此信斷定柏拉圖哲學真正的原動力乃是政治。但是此說能否成立,還要視這封書信的真偽而定。無論如何,若認為柏拉圖在這封信中袒露心扉,披露了個人經歷,這都是錯誤的見解。這其實是一篇文辭豐贍的文學作品,旨在為柏拉圖和狄奧尼西奧斯的對手狄翁(Dion)辯護。我們手上的只是一面之詞。

對現代學者而言,這種「政治化」的解釋自然要比「阿波羅之子」的解釋顯得更可信,也更具吸引力,而且這種解釋已流行了多年。前者認為柏拉圖哲學自有其政治用心,後者則認為柏拉圖哲學是超凡天才(甚至是一位神)的產物,兩相對照,前者更貼近於我們的思維方式。但是我們不可遽然斷定這第七封書信向我們揭示了對話後面的、「真實的」柏拉圖,而他自己的外甥卻大錯特錯。對柏拉圖的解釋一向有爭議,很有可能在他去世之前爭議便已興起。

### 蘇格拉底與學園派

研究柏拉圖,有兩點我們基本上可以確定。一點是雅典人蘇格拉底對他產生了重大影響,另一點是他建立了「學園派」,西方第一個哲學學派。

蘇格拉底認為自己在追尋真理，但他追尋真理的方法卻是全新的。他拒絕建立玄遠的學說，不寫哲學論文，也不寫任何有關哲學的著作，他追尋真理的方式只是和一個又一個人談話，迫使他們意識到首要的工作是真正理解所談的話題。蘇格拉底堅持認為，只有先充分理解我們未經深思便接受的那些觀念——比如勇氣、正義、其他美德、何謂高尚的生活、何謂真正的理解等等，哲學方能實現更高遠的目標。這一點對柏拉圖產生了深遠的影響。蘇格拉底將哲學生活看作持續不斷的探究和思索，而探究的對象無外乎他人和自己所持的信念。蘇格拉底力主不斷的探究勝過僵死的信條，尋求理解勝過聾人聽聞的論斷，這對柏拉圖觸動極深。蘇格拉底還認為，哲學生活當是嚴肅的生活，在生死攸關之際，寧可一死也不能放棄自己的主張。柏拉圖對蘇格拉底禮敬有加，自己所作哲學對話中，蘇格拉底是大部分對話的主角，唯有《法律篇》中蘇格拉底從頭到尾都沒有出現。柏拉圖從不自己發話，而總是描寫蘇格拉底，將他視作一位不斷找尋真理的哲人。

雖然我們不能確定具體年代，但我們知道，柏拉圖在生命的某個階段作了兩個重大的抉擇。他放棄了家庭和結婚生子的公民義務。(柏拉圖沒有結婚，現代讀者不會覺得驚訝，因為他的著作帶有明顯的同性戀傾向。但在古代雅典，結婚是使家庭和城邦得以延續

## 蘇格拉底

蘇格拉底約生於公元前468年，卒於前399年。其父為石匠，其母為接生婆。他的妻子臧蒂普（Xanthippe）[1]出於貴族之家。蘇格拉底一度有財力作為重甲步兵[2]在軍中服役，但晚年非常窮困。在《申辯篇》中，柏拉圖筆下的蘇格拉底說，正是因為他全心奉獻給哲學，無心留意俗務，才變得窮困潦倒。他有三個兒子。在後來的記載中，人們說他還有另外一個妻子，名叫米爾托（Myrto）。

蘇格拉底在公元前399年受審，後被處死，當時正值民主制剛剛恢復。人們常常懷疑他之所以遭人嫉恨，是因他與推翻民主制的人互有往還，但是實際的歷史情形已不可考。他被判有罪，罪名是引入新神和誘惑年輕人，這兩項罪名聽上去多少有些隱約其詞。第一項指控很可能與蘇格拉底的「神靈」[3]有關，此種神靈經常阻止他做想做的事情。

---

1　這是嚴群的譯法，王太慶譯作克桑替貝，還有人譯作桑提婆。
2　所謂「重甲步兵」（hoplites）指希臘城邦的公民，雖無財力養馬，不能充任騎兵，但其財產足以購置全副盔甲，便可在軍中作為重甲步兵服役。所需全套裝備包括頭盔、胸甲、脛甲、銅製盾牌、鐵製短劍，以及用於進攻的長矛。
3　蘇格拉底稱有「神靈」（daimonion）降臨於其心中，尤見《申辯篇》31d（嚴群中譯本頁68）：「你們聽我隨時隨地說過，有神靈降臨於我心……從幼年起，就有一種聲音降臨，每臨必阻止我所想做的事，總是退我，從不進我。他反對我從事政治。……」又見《遊敘弗倫》3b（嚴群中譯本頁13）：「我瞭解了，蘇格拉底，因為你說神時常降臨告誡於你……」。

蘇格拉底很快便成為哲人的象徵和代表，終生獻身於哲學探究，甘心為哲學赴死。許多不同哲學學派也假托蘇格拉底為本派開山鼻祖。蘇格拉底未留下任何著述，而每一派都在他身上發現了符合自己的思想或方法。他飽受爭議，有人奉之若神明，也有人疾之若寇仇。喜劇作家阿里斯托芬（Aristophanes）曾作一劇諷刺蘇格拉底，題名為《雲》。即使在死後，蘇格拉底也不斷遭受攻擊。許多友人寫下為蘇格拉底辯護的作品。我們目前還保存他的兩位追隨者埃斯基涅斯[4]和安提西尼斯的著作片斷，這兩個人與另一位追隨者阿里斯提普斯後來均開創了不同的哲學流派。但是關於蘇格拉底其人，我們主要的文獻來源是色諾芬（Xenophon）和柏拉圖。二人當中究竟誰對蘇格拉底的描述更真實，人們一直爭論不休，其實這種爭論徒勞無益。從最開始，蘇格拉底的形象便極具包容性，截然不同的思想都可以投射到他身上，因此色諾芬筆下自有色諾芬的蘇格拉底，柏拉圖筆下也有柏拉圖的蘇格拉底，其間的差異只體現色諾芬和柏拉圖二人思想的不同而已。在柏拉圖對話中，柏拉圖本人從不在對話中現身。蘇格拉底通常

---

4　埃斯基涅斯（Aeschines），公元前四世紀雅典人，蘇格拉底忠實的追隨者，在蘇格拉底受審和臨刑時均在場。曾作多部蘇格拉底對話錄（今軼），據說忠實再現了蘇格拉底的性情和談鋒。安提西尼斯（Antisthenes，約公元前445–前360），也是蘇格拉底的忠實弟子（可見色諾芬《會飲篇》8.4及《回憶錄》3.11.17）。一般被認為是犬儒學派的創立者，對最著名的犬儒哲學家第歐根尼，以及對後來的斯多葛學派均有影響。曾作多部對話錄，也曾解說荷馬史詩。阿里斯提普斯（Aristippus，生卒年月不詳，比柏拉圖稍長），蘇格拉底的朋友。據說建立昔蘭尼學派（Cyrenaicism），提倡享樂主義倫理原則。也有一說，認為該派是由其同名的外孫所創。

是主角，而對話本身有時是直接對話，有時是由別人或蘇格拉底轉述。在不同對話中，柏拉圖筆下的蘇格拉底也是大相逕庭。他有時鍥而不捨地質問他人的論點，有時信心十足地給出最終結論，有時則只是一名旁觀者。柏拉圖深受蘇格拉底啟發，並將其視為哲人之典範，但是哲學的使命與方法究竟如何，柏拉圖自己的看法也經常改變，因此蘇格拉底在不同對話中的形象也是千差萬別。在蘇格拉底發話較少的對話中，柏拉圖已經不再拘泥於蘇格拉底本人所代表的哲學觀點。而在以蘇格拉底為主角的對話中，我們不妨認為柏拉圖展現了他所領悟的蘇格拉底的不同側面，而不必追問柏拉圖筆下的蘇格拉底是忠實於所謂「真實」的蘇格拉底，還是背離了歷史原型。

而必須要盡的一項義務，與個人的性取向沒有關係。柏拉圖選擇獨身，便是放棄繁衍子嗣，這在當時社會看來是重大的個人損失。）他還創建了第一個哲學學派，稱之為「學園派」，因聚徒講學的運動場[3]而得名。

　　我們對學園的組織結構所知甚少，每一代學人都認為學園具有一些他們各自的大學制度的結構特徵。

---

3　希臘文*gymnasium*一詞指通常位於城牆之外的運動場，對所有公民開放。因希臘青年裸身在其中鍛煉體魄，因此旅美學者劉皓明將其譯為「裸鬥場」。Academy本是雅典郊外的一處運動場，因希臘英雄阿卡德謨斯（Academus）得名。柏拉圖在此建立自己的學校，直到公元529年這座學園才被迫關閉。

亞里士多德在學園中盤桓了20年，據說在裏面教過書，但我們最好把他看作是一名高年級研究生或者年輕教員。但我們別忘了，學園一直是一座公共運動場，因此柏拉圖的學校不可能具備現代大學的許多體制特徵。柏拉圖不收學費，但只有衣食無憂、願意花時間研究哲學的富家子弟才有能力長期在此就學。有一次柏拉圖登壇開講，講授「善」，但講課效果很不好。聽眾以為講授的是良善的生活，而柏拉圖卻大談數學。還有一部諷刺作品，諷刺學園的學生給一種蔬菜下精確的定義。但總體來說，我們得到的印象是，學園是集中討論的場所，這意味着學生並非去那裏學習柏拉圖派理論。也許「學生」一詞是個誤稱，因為這第一所高等學府不授學位，不打分數，不頒證書，也不給教職。

在哲學上開宗立派與柏拉圖所篤信的蘇格拉底精神是有衝突的。蘇格拉底拒斥所有帶有學院氣的哲學。但是我們將看到，柏拉圖筆下的蘇格拉底，雖以探究的方式尋求真理，卻不完全排斥個人確定的見解。來學園求學的人也不必附和柏拉圖的意見。柏拉圖最好的學生亞里士多德，以及學園後來的兩位掌門都與柏拉圖的見解大相徑庭。因此學園是一所學習如何進行哲學思考的學校，在這個意義上也可以說延續了蘇格拉底的傳統。

但是在有一方面，我們可以說柏拉圖不復遵從蘇

圖4　蘇格拉底半身像

格拉底。蘇格拉底對同時代盛行的宇宙本源論沒有興趣，轉而關注如何生活的倫理問題。柏拉圖在古代被當作第一位系統的哲學家，他最先將哲學視為研究後世稱為邏輯學、物理學和倫理學這些學問的獨特途徑。如果我們將對話作整體的考察，我們的確可以發現柏拉圖關注的問題十分廣泛，而且很有系統。所謂有系統是指柏拉圖持續不斷地關注一系列問題，而不僅僅提出一套周密的教條。古代和後代都有人將柏拉圖思想進一步系統化，建立一套理論體系，也就是一般所稱的「柏拉圖主義」，但柏拉圖本人從未這樣做過。他留給我們的只是這些對話，至於從中抽取其思想、構建一個體系，就是我們自己的事了。

哲學是一門與眾不同的學問，自有一套單獨的研究方法，與修辭學和詩歌等其他學問判然分明。柏拉圖是第一位持這種觀點的思想家。有時人們會說柏拉圖創造了哲學，這是因為他堅持哲學與其他思想形式截然不同，而且他似乎最先使用「哲學」一詞來定義他心目中的哲學，這個詞的本意是「熱愛智慧」。他肯定是哲學這門學科的創始人，他認為哲學是思索一系列廣泛問題的獨特方式。今天在學校裏老師所教、學生所學的仍然是這種意義上的哲學。

# 第三章
# 柏拉圖解讀法

## 理論與實踐

　　柏拉圖多次特意強調，哲學乃是以辯論求真理。哲學的最佳方法他常常稱之為「辯證法」[1]，在不同時期他對此有不同認識，但有一點他從未讓步：哲學自有與眾不同的更高目的，有更嚴格的方法，勝過其他與之爭競的文化活動。在《理想國》結尾處，他說哲學與詩歌之間一直存在衝突（這裏的「詩歌」指公開表演的戲劇和史詩，非指個人關起門來閱讀的短詩）。在《高爾吉亞篇》和《費德羅篇》中，他以不同方式表現了哲學與修辭術之間的激烈對抗。哲學之鵠的唯在真理，而一味說服他人、不顧真偽，這絕非哲學，在意圖和方法上都令人生疑。（請回想一下第一章中斷案的例子。）並不是說在哲學和其他思想活動之間原已存在盡人皆知的區別，然後柏拉圖加以說明。相反，恰恰是柏拉圖明確了這其間的區別，他率先提出哲學自有其目標與方法，哲學有明確的、與眾不同的研究題

---

1　這是對dialectic一詞常用的譯法，指通過問答方式討論哲學問題。

目，我們應當將哲學與其他思想形式劃分清楚。很少有哲人像柏拉圖一樣區分什麼是嚴格的哲學方法，什麼是以勸誘方式左右他人的伎倆。同時，柏拉圖又是最具「文學色彩」的哲人，最易於為普通讀者接受，因為他的作品（至少有一部分對話）引人入勝，可讀性很強。有一些著作與其說是哲學名著，還不如說是文學經典。即使是不那麼文采飛揚的作品，裏面也充滿了隱喻、笑料和其他引人注目之處。

柏拉圖著作最顯著的一個特點，在於它們都以戲劇形式寫成，要麼是兩人或多人之間的對話，要麼便是獨白，而獨白經常是轉述他人的對話。很多作品刻劃對話者的性格栩栩如生，佈局謀篇別具匠心，非常巧妙地吸引讀者的注意。若與大多數哲人艱深晦澀、學究氣十足的著作相比，不啻有天壤之別。不過，柏拉圖一向反對憑藉口舌之利勸誘他人，原因在於這些人引誘讀者接受其結論，從不依靠辯論和思辨的力量。可柏拉圖這些「文學」技巧豈不也在他的批評之列？這樣一位文學巨匠怎麼可能反對文學呢？這豈不等於太阿倒持嗎？

**蘇格拉底的「偽裝」**

蘇格拉底正在和埃里斯的希比阿(Hippias)談話，後者是四處雲遊的「智術之師」，他標榜為職業的「智者」，收費授徒，講授修辭術，還親自負責公眾事務。蘇格拉底問希比阿：何以以往的智者都不是顯達之士？

希比阿：你怎麼想呢，蘇格拉底？還不是因為他們無能，不會把他們的智慧運用於個人和國家？所以在這兩方面他們均無建樹。

蘇格拉底：對呀，其他的技藝都有進步，與現代工匠相比，古人簡直一錢不值。我們能否這樣說：你這門技藝，你的詭辯術，也同樣進步？與你相比，那些以智慧為業的古人也是一錢不值呢？

希比阿：是的，你說的沒錯！……

蘇格拉底：……早先的思想家以為，在所有人面前公開展露自己的智慧，然後收取費用，這樣做是錯誤的。他們的頭腦真是簡單，他們居然不知道錢是多麼重要。但你提到的現代人[指高爾吉亞(Gorgias)和普羅迪庫斯(Prodicus)]，每個人靠自己的智慧掙了大錢，超過任何一個工匠。在他們之前，還有普羅泰戈拉(Protagoras)，早就這樣做了。

希比阿：蘇格拉底，你根本不知道這樣有多棒。如果你知道我已經掙了多少錢，你肯定要嚇壞了！……我敢肯定，你隨便舉兩個智術師，我一個人掙的錢絕對超過他們的總和！

蘇格拉底：希比阿，你說的真好！這恰恰體現了你的智慧，也顯示出今人和古人的不同。

（《大希比阿篇》281d–283b）[1]

---

1　據作者英譯文譯出。

希比阿以為蘇格拉底在誇他。可是讀者卻看出蘇格拉底認為智術應當求真理，蔑視以智術牟利的做法，故而對希比阿可以說是嗤之以鼻。這就是所謂蘇格拉底的「偽裝」，在他的談話對手聽起來是一個意思，而讀者卻明白這不是蘇格拉底的真意。這種方法並不永遠奏效，但卻使柏拉圖著作中很多段落生動、引人發笑。

## 柏拉圖著作

古代哲人的著作很難保存，但我們可以很放心地說：柏拉圖所有「發表」的著作我們都有，包括一部未完稿（《克里底亞篇》）和幾部在柏拉圖謝世之後才歸入他名下的短著。這幾篇短著的文風和詞藻均帶有後代特徵，我們用*來表示。而有可能出自柏拉圖之手、但仍存疑的作品，我們用+表示。

由於沒有外證，我們無法確定柏拉圖寫作對話的順序（只有《法律篇》似乎在他去世時尚未完成）。古人也沒有一種權威的意見，來規定應按何種順序傳授這些對話，或者應按何種順序從對話中歸納出「柏拉圖哲學」來。一切都依靠讀者的興趣、聰明才智以及思想深度。

下列對話錄順序是由特雷西魯斯[1]制定的，他是柏拉圖

---

1　特雷西魯斯(Thrasyllus)，生年不詳，卒於公元36年，以精研星象學聞名於當世。

派的哲學家，也是提比略皇帝(the Emperor Tiberius)的星象師。他將對話每四篇分為一組，理由如何，並不十分清楚。柏拉圖著作很多版本都採納他的順序，包括哈克特(Hackett)版的柏拉圖英譯本全集。

《遊敘弗倫》《申辯篇》《克力同篇》《斐多篇》《克拉底魯篇》《泰阿泰德篇》《智者篇》《政治家篇》《巴門尼德篇》《費雷波篇》《會飲篇》《費德羅篇》《阿希比亞德上》《阿希比亞德下》\*《希帕庫斯篇》《戀人篇》[+]《泰阿格斯篇》[+]《卡爾米德篇》《拉凱篇》《呂錫篇》《歐諦德謨篇》《普羅泰戈拉篇》《高爾吉亞篇》《美諾篇》《大希比阿篇》《小希比阿篇》《伊安篇》《梅內克塞諾篇》《克里脫芬篇》《理想國》《蒂邁歐篇》《克里底亞篇》《米諾篇》\*《法律篇》《艾皮諾米篇》\*《書信》[+]《定義》\*《論正義》\*《論德》\*《德謨多克篇》\*《西敘弗斯篇》\*《埃利希亞篇》\*《阿希歐克篇》\*《格言集》[+2]

---

2  柏拉圖著作題目的中譯主要採納《中國大百科全書》哲學卷的譯法，有幾篇或依通行譯法(如《理想國》)，或沿用嚴群的譯法(如《遊敘弗倫》《克力同》等)。

## 超然與權威

我們可以這樣回答上面的問題：柏拉圖的確在瓦解自己的哲學活動，系統地批判他所使用的文學形式。也許他毫不知情，根本沒有注意到他正用勸誘之術來攻擊勸誘活動。也許柏拉圖自有一套複雜的思想，旨在顛覆讀者的期待。但還有一種解釋更簡單、也不那麼極端，而且與柏拉圖的知識論更吻合。

以對話體寫作(不管是直接對話還是轉述的對話)，柏拉圖可以將自己的哲學見解與對話角色的見解分開。作者當然隱匿於對話人物之中，因為所有角色都是柏拉圖一手創造的。讀者讀到的是兩人或多人之間展開的辯論，她讀到的是一場爭論，但如何解釋此種爭論，則要視她的能力而定。作者並不把結論直接交到她手上，也不借重自己的權威來迫使她接受。

這一點有時被人忽略，因為有人從對話中直接抽出柏拉圖的思想，仿佛這些觀點原本是用論說方式表達的。而另一些人則誇大了對話體帶來的問題，他們甚至認為柏拉圖本人不持任何明確的意見。既然我們認識到，柏拉圖借戲劇化寫作方法在所有作品中都與角色所持的觀點保持距離，我們就應當分析一下哪些結論不能從這一前提推導出來。

我們不能認為柏拉圖就像一個劇作家那樣超然。他並沒有構建出一個戲劇世界，在其中各個角色你來

我往，供我們娛樂。柏拉圖的著作提出嚴肅的問題供讀者思考，這些問題旨在吸引讀者進行認真的哲學思辨，而不是單純來欣賞戲劇。因此，柏拉圖刻劃人物時有輕有重，並不是每個角色都需要我們仔細研究。有些角色面目可憎，有些滑稽可笑，還有一些則暗淡無光。許多對話的主角是蘇格拉底，很多時候他被理想化，被描繪成哲學活動的最高體現，與其他生活方式形成對照(當然不同的對話有不同的側重)。

柏拉圖一方面使用對話體，另一方面對論題持有自己的見解(有時將自己的見解通過蘇格拉底之口道出)，這兩方面其實並無衝突。在一些對話中，蘇格拉底與另一人爭論，此人往往有一技之長，但蘇格拉底總能讓他明白他對於自己的專長其實一無所知。但蘇格拉底並不表達明確的觀點，甚至還宣稱自己其實也一無所知。但這絕不等於柏拉圖自己沒有任何主張。柏拉圖靈活地處理蘇格拉底這個角色，並不是單純為了表達自己的觀點。

柏拉圖為何不直抒胸臆？如果他確有自己的見解，如果讀者心知肚明，對話中唯有蘇格拉底才代表柏拉圖的觀點，那麼以戲劇化形式寫作的目的何在？柏拉圖為什麼不直接站出來，告訴我們他的觀點？

柏拉圖極不願意直接陳述自己的見解，不願意以個人權威迫使讀者接受這些觀點。他當然知道有很多哲人寫下權威性的論著，指點讀者當如何思考很多重

大問題。柏拉圖本人在很多問題上都有明確實在、不易動搖的見解，因此他在西方哲學史上才能獨樹一幟。但他也視自己為蘇格拉底的追隨者，別忘了，蘇格拉底沒有留下任何著作，只是考察其他人的觀點，力圖讓他們自己去領悟。柏拉圖也同樣想要讀者自行領悟道理。我們在第一章討論斷案的例子時已略及此點，在後面考察柏拉圖關於知識和理解的理論時，我們還會看得更清楚，讀者必須自悟，以領會柏拉圖所言何意。柏拉圖自信甚深，但他不願意讓讀者僅僅因為這些道理出自柏拉圖之口就不加思考地接受。

這一點很容易被忽略，因為在一些著名對話中，柏拉圖讓蘇格拉底詳述了一些確定的觀點，而且信心十足，而他談話的對象只是附和幾句「對，沒錯」這樣的話。我們可能會以為在這些段落中，柏拉圖在直抒胸臆，蘇格拉底所說就是柏拉圖所想。但是柏拉圖不能替你思考，你必須身體力行，自己來理解其中的道理。有時讀者會得到一些幫助，比如發現蘇格拉底的話引起爭議，或是被人攻擊，或者一段、乃至一整篇對話的意思都晦澀不明。另外，即使對話本身的戲劇效果並不強烈，但柏拉圖在形式上與蘇格拉底(有時對話的主角是從埃利亞來的訪客)所說的話拉開距離，也是非常重要的。即使你弄明白了柏拉圖的思想，也不能算大功告成。只有你自己想得清清楚楚，這思想才真正變成你的思想，而不是柏拉圖的思想。千萬不

要因為柏拉圖說過如此這般的話，便被動地接受。只有這時你所理解的才完全歸你所有。

在一段著名對話中，柏拉圖筆下的蘇格拉底將自己比作產婆，自己並不生養「孩子」，只為別人接生思想、檢驗思想。這個比喻並不說明蘇格拉底缺少自己的思想，而是表示他將兩種活動分開：一種是表達他個人的觀點，另一種則是幫助讀者自行了悟。柏拉圖之所以要以這樣一種方式來寫作，是因為他也想將兩件事情區分開來：展示他自己的思想和讓讀者自行理解這些思想。論到表達觀點之慷慨激昂，沒有哪位哲人能與柏拉圖爭鋒。但柏拉圖向來認為這與將個人觀點強加於讀者判然有別。在形式上，讀者從未直接接觸柏拉圖自己的想法。讀者看到的只是柏拉圖借他人之口、以超然的方式表達的思想。

## 兩種傳統

如何閱讀柏拉圖，古代就有兩種解釋傳統，也就是兩種研究柏拉圖哲學的方法。最先興起的一派我們目前已不太熟悉。柏拉圖死後，學園的繼承者便發展出他們自己的形而上學和道德理論。稍後，大約公元前268年左右，當時入主學園的是阿凱西勞斯[2]，他主

---

2　Arcesilaus，大約生於公元前316或315年，卒於公元前242或241年。曾執掌雅典學園，否認柏拉圖和蘇格拉底持有任何確定不變的學說，力主從正反兩方面就任何論題作辯論，主張「擱置判斷」。

## 產婆蘇格拉底

蘇格拉底的母親非納萊特(Phaenarete)是一名接生婆,蘇格拉底自稱自己也擅長接生術。

> 這方面我與產婆無異:如她們不生子,我是智慧上不生育的;眾人責備我盡發問題,自己卻因智慧貧乏,向無答案提出 —— 責備得對啊。原因在此:神督責我接生,禁止我生育。因此,自己絕不是有智慧的人,並無創獲可稱心靈的子息;然而,凡與我盤桓者,或其初毫無所知,與我相處日久,個個蒙神的啟示,有驚人的進步,自己與他人都覺得。顯然,他們不曾從我學到什麼,自己內心發現許多好東西,生育許多好子息。神與我只為他們負責接生。
>
> (《泰阿泰德篇》150c–d)[1]

> 根據類似內容的段落,有人以為柏拉圖是懷疑派,不持任何意見。
>
> (《泰阿泰德篇》的某古代注家語)

> 神為何在《泰阿泰德篇》中讓蘇格拉底成為別人的產婆,而他自己卻不生育?…… 假如一切都無法為人類所理解,那麼神自然要禁止蘇格拉底生育錯誤、無根據的偽說,而要逼他檢驗他人的意見。危害最大者莫過於欺騙和狂妄,若能幫助你摒棄愚妄,這樣的辯論便是功德無量。……

---

1　嚴群譯,《泰阿泰德·智術文師》,頁35–36。為讀起來更順暢,個別文字稍有改動。另,我將嚴群譯文中的「上帝」一律改作「神」,因為中文「上帝」一詞幾乎已為基督教所壟斷。

這便是蘇格拉底的醫術，他治療的不是身體，而是腐爛墮落的靈魂。但假如存在洞達真理的知識，而且亦有真理存在，那麼不僅僅發現真理者能擁有真理，從發現者那裏學習的人也能擁有真理。但如果你深信還沒有得到真理，你倒更有可能得到，然後你便會擁有最好的，就如同你可以領養一個聰穎的孩子而不必自己生養一樣。

（普盧塔克[2]《柏拉圖解疑之一》）

2 普盧塔克(Plutarch)，生於公元50年之前，卒於120年之後。他是古代著名的哲學家和傳記作家，以《希臘羅馬名人傳》流傳最廣。

張回到柏拉圖對話中所昭示的論辯方法，因為在對話中蘇格拉底總在與人爭論，從不陳說或者捍衛自己明確的觀點。蘇格拉底總是就對方的觀點進行論辯，然後指出對方的意見難以成立，而阿凱西勞斯將此方法視為以柏拉圖的方式從事哲學思考的關鍵。柏拉圖對於對話中談論的觀點保持一中立的立場，這一點最受阿凱西勞斯推崇，他認為柏拉圖著作中那些明確的論斷不過是供討論的觀點而已。無論如何，他將柏拉圖學派推向古代懷疑主義的方向，就是說，我們應探究、質疑他人觀點的論據，而不可只信奉自己一家學說。這種「新學園派」或「懷疑論的學園派」延續了柏拉圖學派，教導人們反駁流行的理論教條。直到公

元前一世紀這一派才消失。另一支傳統稱為「柏拉圖主義」，與富有探究精神的學園派相對立，直到柏拉圖自己的學校關閉才開始出現。

這一派學者認為柏拉圖在著作中系統闡發了一整套理論，可名之為「柏拉圖主義」。這一派感興趣的是柏拉圖那些明確的論斷，至於柏拉圖堅信可以通過辯論來破除他人的見解，使每個人自行理解他人觀點，該派則不以為然。從公元前一世紀到古典時代末期，都有哲學家為柏拉圖理論作注疏，旨在幫助讀者理解對話的語言、細節和論點。他們也撰寫了「柏拉圖綱要」一類著作，將柏拉圖思想組織成一個哲學體系。這一體系還以古代晚期常用的方式被劃分為三種科目：邏輯學(以及認識論)、格致學(以及形而上學)和倫理學(及政治學)。一旦柏拉圖思想以這種方式處理，人們便將其對話當作資料庫，來確立他關於各種問題的立場。

這第二支傳統又被現代學者分為「中期柏拉圖主義者」和「新柏拉圖主義者」。前者所作大多為中規中矩、學究氣十足、枯燥乏味的作品，而後者始於公元三世紀，當時普羅提諾[3]對柏拉圖作了全新的闡釋，以獨特、新穎的方式發展了柏拉圖思想。但區分「中期柏拉圖主義」和「新柏拉圖主義」只是現代人的做

---

3　普羅提諾(Plotinus)，生於公元205年，卒於269或270年，新柏拉圖主義創始人，著有《九章集》(*Enneads*)。

法。在古代，根本的區別在於學園派和柏拉圖主義的對立。學園派主「懷疑論」，好窮究不捨，從柏拉圖那裏繼承了依對方觀點進行辯論的傳統，不偏聽，不盲從，不隨便將柏拉圖理論當作顛撲不破的真理。另一支則是柏拉圖主義傳統，尊奉既定的教條，固執己說，不容爭辯，這一派以為真正重要的是柏拉圖關於靈魂、宇宙、德性和幸福的具體學說。對後一支的哲人而言，哲學活動就等於忠實地鑽研柏拉圖的著作，與時遷徙，發展他的理論，或者二者兼而有之。

我們最熟悉的其實是「教條化」的柏拉圖主義傳統。柏拉圖著作有各種版本和譯本，有各種注釋本，還有解釋他思想的學術專著或普及性讀物(本書即為一例)，我們對此已習以為常。但我們也知道，決不能指望現代哲學家能對柏拉圖所討論過的題目有任何發展。但我們忘了還有另一支傳統。柏拉圖也許不願意我們過度關注他的思想本身，他更希望我們認真思考從事哲學的獨特方式。這種傳統在20世紀雖偶爾出現，但因經常採用怪異、不近人情的方式，所以少有人認真對待。在最近幾年中，研究古代哲學的學者對古代辯論方式更為關注，所以這後一支傳統又開始引人注意。

這兩種傳統是否註定是水火難容？有時如此。但它們也有可能共存，相互借鑒。即使你認為柏拉圖的魅力在於其靈魂說、理念說、或完美生活的思想，你

仍然可以從柏拉圖那裏學到很多東西，比如不要固執己見、比如以子之矛攻子之盾的手法。即使你認為柏拉圖最吸引人的是他對蘇格拉底的刻劃(蘇格拉底永遠在追問，從不自詡已然獲得知識)，找出柏拉圖借蘇格拉底之口發表的明確觀點也不失為一椿趣事。

## 多重聲音？

「柏拉圖有多重聲音，而不是眾多理論。」這是阿里烏斯·狄迪莫斯[4]的觀點。他是擅長箋注的一位古代哲學家，他發現我們讀柏拉圖對話時會越來越感到困惑，不知道當如何把它們聯繫起來。即使我們認為在某些對話中，柏拉圖可能暫時認同蘇格拉底或埃利亞來客所持的觀點，我們仍然會發現側重點和角度不同，因而很難判斷某一主題到底有多重要。我們還發現對同一主題往往有截然不同的處理方式，而且不同對話中的觀點彼此衝突，幾乎不可調和。歷史上對這一問題有很多解答。有一種說法認為，柏拉圖寫作對話的本意在於，每一部作品都自成一體，若要將所有對話放在一起，營造一個理論體系，這便大錯特錯了。我們很難反駁這個觀點，但也很難貫徹這種想法。比如我們讀《申辯篇》《克力同篇》和《高爾吉

---

4　阿里烏斯·狄迪莫斯(Arius Didymus)是公元前一世紀亞歷山大城的哲學家。

## 柏拉圖是不是懷疑論者？

柏拉圖是不是古代所謂的「懷疑論者」？他心目中的哲學活動是否只限於質疑他人觀點，而從不提出已證實的結論？
西塞羅(Cicero)回答「是」。
懷疑論的學園派也稱「新學園派」，但我以為也可稱作「舊學園派」，將柏拉圖歸入新派和舊派均無不可。在他著作中找不到確定不變的觀點，能找到的是就同一個問題正反兩方面的辯論。一切都要被探究，沒有確定的結論。

塞克斯都‧恩披里克是另一種類型的懷疑論者，他的回答是「否」。
有人說柏拉圖是獨斷論者，也有人說他是懷疑論者，還有人說他二者兼而有之（在運動場中，蘇格拉底出場時，要不就在與人遊戲，要不就在與智者派的人爭論。人們說柏拉圖以「質疑」而著稱。但是當他通過蘇格拉底、蒂邁歐或其他人鄭重其事地提出論斷時，他又是個獨斷論者……）。我們以為……當柏拉圖論到理念、天道、或者德行勝過邪惡的時候，就算他認可這些事果真如此，他所持的也只是意見。如果他堅持認為這些事可能性極大時，他便已然放棄了懷疑論最顯著的特徵……[1]

---

1　西塞羅一段話出自《學園派》（*Academica*）卷二，46節。恩披里克一段話出自《懷疑論綱要》卷一，221–223節。（以上是作者在書後所列參考書中注出的。）但查西塞羅文本，此段實出自卷一第46節，作者引證時恐一時失察。塞克斯都‧恩披里克（Sextus Empiricus），公元二世紀的懷疑派哲學家，具體生卒年月不詳，曾廣泛批駁了當時其他學派的觀點。以上兩段引文據作者英譯文譯出。

亞篇》，就不可能認為其中論述「善」和「幸福」的部分毫無關聯。而當我們讀到《普羅泰戈拉篇》中論幸福的段落，發現與《高爾吉亞篇》中的論述明顯矛盾，若僅僅歸結為每一篇對話都對同一問題有自己的處理方式，就很難讓人滿意。有一些思想線索始終貫穿於柏拉圖很多對話中，我們自然躍躍欲試，想把這些思想整合在一起。

但是，在這些思想中我們能發現何種統一性？有些解釋者發現柏拉圖思想高度一致，但是對於不同對話中的不同討論方式，他們或避而不談或有意貶低。古代柏拉圖主義者便代表這種傾向。這一派最極端的做法是將所謂「柏拉圖主義」看作一成不變、鐵板一塊的一套思想，先已存在於柏拉圖心中，至於這些思想在對話中是如何表達和呈現的、柏拉圖的論辯是如何展開的，這些因素都對這些思想毫無影響。堅持這種意見的人損害了柏拉圖的名聲，好像柏拉圖只醉心於教條而不管辯論。到了20世紀，大家越發關注對話中論辯的細節，逐漸接受這樣的看法：柏拉圖不止一次返回到同一個思想，每次處理方式均有不同。直到不久以前，學術界還普遍接受一種進化的模式，認為柏拉圖的著作體現了他思想的「發展」。具體說來，早期對話裏蘇格拉底只辯論不給出結論，到了所謂「中期」和「晚期」對話，柏拉圖便直接表達自己的思想。這種觀點的前提頗為可疑，比如柏拉圖的生

平、著作的準確年代不易確定，而蘇格拉底是否僅僅是柏拉圖的傳聲筒，也未可知。這種方法如今已遭到懷疑。雖然用這種方法可以解釋一些問題，比如為何有明顯矛盾的段落等等，但實際上還有其他解決辦法。

柏拉圖的思想也許是或鬆或緊地連綴在一起，也可以說是或多或少以獨斷的方式提出的。許多強調教條的柏拉圖主義者不明瞭柏拉圖何以拒絕直接表明個人態度，他們也損害了柏拉圖的聲譽，好像柏拉圖只是在利用蘇格拉底或者埃利亞來客，把他們當作自己發號施令的傳聲筒。柏拉圖拒絕提出武斷的學說，這一點我們應該予以尊重，但這不影響我們對他思想產生興趣。很多人覺得，在通讀對話過程中，他們一點一滴地積累，慢慢感覺到一整套清晰的思想。他們還認識到，柏拉圖每一次陳述這些想法，都不是最終的定論。

## 虛構、神話、哲學

哲人以求真理為要務，故不會需要那些我們稱之為虛構的東西，因為我們明知故事為假，卻還要以此為娛樂。柏拉圖更進一步，他對當時盛行的虛構故事，主要指公開上演的戲劇和誦詩，深惡痛絕，這是盡人皆知的。他瞭解這些敘事作品影響巨大，能決定我們對自我和社會的認識。他強烈反對人們不假思索

糙許多,因為柏拉圖並沒有讓讀者輕易地將自己視為「好人」,也沒有皆大歡喜的結局。)

最有趣的是,柏拉圖讓敘述者在講故事之前加了一個長長的引子,稱此故事得自古埃及的祭司,因這些祭司保存的記錄比希臘人遠為古老。敘述者稱,希臘文明屢遭毀滅,又屢次振興,因此希臘人已不知本國歷史。這一說法吸引了很多人決意發掘被掩蓋的歷史真相。有人業已在很多地方「發現」了「真實」的大西島,比如在地中海、塞拉島[7]和特洛伊遺址,在地中海以西,在史前的不列顛,在愛爾蘭、丹麥、南美洲、尤卡坦[8]、巴哈馬群島、北美洲,或者是已經沉入大西洋的一片大陸。人們前仆後繼,不斷尋找大西島,這顯示了閱讀柏拉圖的危險,因為他明顯使用了典型的虛構手法:先強調某一事件確有其事,再稱此乃無名的權威人士所發現,實際用以說明後面的記述不過是文學虛構而已。關鍵在於,我們應當借這個故事來思考我們現今關於政府和權力的觀念。如果我們不去深思這些問題,而去從事海底探險,那便大錯特錯了。人們不斷將柏拉圖錯當成歷史學家,我們也由此可以看到他不信任文學寫作,或許自有其道理。

---

7　塞拉島(Thera)是古希臘島嶼城市,位於愛琴海中,今名Thira,傳說即為亞特蘭提斯。

8　尤卡坦半島(the Yucatan),位於中美洲北部、墨西哥東南部的半島,是古瑪雅文化的搖籃之一。

圖5　儒勒‧凡爾納(Jules Verne)於1870年出版的《海底兩萬里》中，
尼默船長(Captain Nemo)潛艇上的旅行者發現大西島海底遺址被海
底火山照亮。大西島在19世紀晚期和20世紀的科幻小說和電影(包
括一部迪斯尼動畫片)中，被描繪為一座海底城市，有時還有居民
居住。來自現代文明的勇敢的探險家們重新發現了這座古城。

# 第四章
# 愛慾與哲學

## 片面理解柏拉圖

聖・奧古斯丁(Saint Augustine)曾說過，柏拉圖在古代異教哲人中最接近基督教。[1] 奧古斯丁與其他早期教會神學家急於借重柏拉圖的權威來發展基督教的思想體系，但他們忽視了柏拉圖思想當中為猶太教和基督教極力譴責的成分。從此以後，人們總是片面理解柏拉圖，有時甚至有意曲解，這未嘗不令人心痛。

在柏拉圖寫作對話的時代，人們普遍認可並接受男人之間的情慾和性愛。尤其在青年男子和成年男性之間，年長的「愛者」往往充當年輕的「被愛者」的精神導師，指點他進入成人社會。這種關係被塗上浪漫色彩，而且人們認為同性間的感情不會危及婚姻這種乏味的社會關係。在《會飲篇》和《費德羅篇》中，柏拉圖將愛情當作哲學的背景，或者哲學的一部分。在其他對話的場景中，愛情也是重要的一部分。在本章和後面幾章中，我將探討柏拉圖的觀點。前面

1　見《上帝之城》卷八，第五章。

我們已經談到對話這種寫作形式使作者與對話人物拉開距離，我後面就不用再提醒讀者注意這一點了。

柏拉圖不僅僅接受同性戀為其社會生活的一部分，而且持一種浪漫的觀點，並在兩方面走得更遠。他強調同性戀關係中教育的因素，將這種關係昇華為理想的師生關係，從而完全超出肉體上的吸引，使之變成老師對學生靈魂(指心理和心靈生活)的關切。這就是人們常說的「柏拉圖式的戀愛」，它指的是一種浪漫的愛情，但由於關注的是靈魂而非肉體，因而此種愛情的實質被徹底改變。在柏拉圖筆下，蘇格拉底總是在競技場中與年輕人消磨時光，但他關心的是他們的精神生活。有時，蘇格拉底也自稱是愛情專家(指充滿性慾的浪漫愛情)。這一點肯定會遭人誤解。在競技場中晃蕩的年長者感興趣的是年輕人的身體，而非靈魂。《會飲篇》中有一段(215a–222b)正是要表明蘇格拉底的愛到底意味着什麼。阿西比亞德(Alcibiades)是一位英俊、聰慧、富有的雅典少年，身邊不乏年長的追求者，但蘇格拉底毫不為他的美色所動，這一點深深地吸引了這位年輕人。阿西比亞德發現唯有蘇格拉底能讓自己因虛度時光而感到羞愧，唯有蘇格拉底才能使自己嚮往更好的生活。他想讓蘇格拉底成為他的良師，於是決意以色相引誘蘇格拉底。從打情罵俏到與蘇格拉底同床共枕，他一切手段用盡，但仍沒有奏效。蘇格拉底只是說，如果他真能使阿西比亞德浪

圖6　柏拉圖所處社會的愛者與被愛者

子回頭，這便是真正的獎勵，遠勝過單純的性愛。[2]

儘管這一段雄辯動人，但仍然未能阻止其他人的誤解。後來的諷刺作家琉善[3]諷刺了一位柏拉圖派哲人。他準備做一位少年的老師，但少年的父親非常擔憂，於是這位哲人安慰道：吸引他的是靈魂，而非肉體，即使他的學生與他同榻而眠，他們也毫無怨言！[4]

## 愛與性

誠然，有一些段落，尤其是《費德羅篇》，顯示出一旦二人的關係從師生提升為更平等的道友關係，性慾並非完全被排除在哲學關係之外(但不是那種最高尚的哲學關係)。對柏拉圖而言，性慾並不構成問題。問題在於，一方面要全心奉獻給哲學探究，另一方面

---

2　可參見劉小楓的譯本，見《柏拉圖的〈會飲〉》(華夏出版社，2003年)，頁101–116。

3　琉善(Lucian)，生於公元120年前後，卒於180年之後，諷刺作家，以希臘語寫作多種對話。周作人將其名字譯作「盧奇安」，後按讀音譯作「路吉阿諾斯」。周作人晚年煞費心力，翻譯了他的重要對話，見兩卷本《路吉阿諾斯對話集》(中國對外翻譯出版公司，2003年)。

4　這實際上是琉善所作對話《柏賣學派》中蘇格拉底的話。該篇對話描寫宙斯命人將當時流行的哲學學派擺在市場上進行拍賣，欲購買蘇格拉底的買主正需要為自己的孩子請一位老師，於是對話中的蘇格拉底說：「但是和美少年交際，有誰比我更是適當呢？因為我所愛的不是身體，這乃是靈魂我所認為美麗的。實在是，就是他們和我在一件大衣底下睡覺，他們可以告訴你，我決不會虧待了他們」(周作人譯《路吉阿諾斯對話集》下卷，頁697)。

又不能完全忽視日常需求，這其間的分寸如何把握，這才是關鍵。

另外，柏拉圖使用充滿激情的同性戀語言，有時別有深意。最明顯的地方在《會飲篇》，他將對哲學探究的衝動描寫為對性慾的改變。在論「愛的階梯」一段，蘇格拉底描繪了性慾衝動如何能得以昇華和淨化，最終引導人超越感官的滿足，從對美的物體的佔有轉為對普遍真理的深思和領悟，真正的快樂無過於此。[5]人們經常拿柏拉圖的觀點與弗洛伊德的理論對比，但弗洛伊德認為人類理解的衝動可以回溯到人人皆有的原始本能，此種本能保持其能量和緊張，可以轉化為具有複雜思想結構的東西。兩相對比，柏拉圖的觀點沒有那麼簡單化。

柏拉圖為何偏要將哲學思考的衝動回溯到愛慾？也許他喜愛這種解釋，因為這種解釋有可能將兩類截然不同的事物歸結到同一個原因。哲學衝動歸根結底來自人的內心深處，而且真實無偽。柏拉圖真切地感覺到這與愛慾極相似，因為此種衝動來自內心，決不可有意為之，而且正如愛慾一樣，此衝動驅使你竭盡全力實現自己的目標。不管目標多麼難以企及，你仍然感到這是你全部生命的意義所在。但哲學也不是孤獨的活動，沒有人像柏拉圖那樣強調互相切磋和辯論的重要。若要在哲學方面有所進益，必須借助兩人或

5　關於「愛的階梯」，見劉小楓譯本，頁89–94。

多人之間的談話，僅憑一個人苦思冥想是不夠的。有時柏拉圖強調，愛情能產生一對伴侶，他們有共同的關切，超越了每個人單獨從愛情中能得到的收穫。哲學同樣需要往復辯駁，需要相互砥礪和相互扶持。因此哲學與愛慾相似之處甚多，這一點的確出人意料。愛慾如何能闡明哲學，這是另一個問題，但柏拉圖將二者聯繫在一起來討論，這的確是偉大的創見。

## 性別問題

對男性來說，這種觀點也許很有啟發。但女性在閱讀這些作品時卻遇到很大的問題。因為柏拉圖對話中完全以男性同性戀的語言討論性愛，絲毫沒有考慮女性，或者將女性視為低等、當被放棄的選擇。柏拉圖談到男性之間的愛能生出思想的「後代」，遠勝過男女結合所生的有血有肉的後代。此處柏拉圖沿襲了當時歧視女性的偏見，他認為男性之間的愛情無論在精神還是在其他方面都優於異性戀。當然，在表達這種偏見時他可能有誇張之處，對同性戀的作用也有所誇大。（女性間的愛情他不感興趣，可能他對此所知甚少。）但柏拉圖對女性的態度卻非常複雜。在他著作中他顯然不考慮女性讀者的感受，但在《會飲篇》中，當論到「愛的階梯」時，這一番宏論卻出自一位女性，一位名叫迪奧提馬(Diotima)的女巫。儘管柏拉圖

厭惡女性，但他也體察到女性所遭遇的問題，這個問題哲學家直到最近才開始理解。

## 婦女的潛能與家庭

柏拉圖在其《理想國》中提出一個著名的理論（在《法律篇》中也有所涉及）：在理想的社會裏，由父母和子女組成的小家庭將被廢除、或者被嚴格限制。柏拉圖深感家庭的弊端，因為人們學會自私自利，對家庭之外的人爭強好勝、充滿敵意，這阻礙了人們對更大群體的關心。他以為，只有當家庭所帶來的負面影響受到鉗制，城邦中的公民才能真正熱愛自己的城邦以及城邦所奉行的理念。這個想法若能實現，還有助於婦女釋放自身的潛能，她們有可能擺脫相夫教子的封閉生活，而和男子一樣，在更廣闊的空間裏施展自己身心各方面的能力。

在《理想國》中，柏拉圖以非常理想化的方式表達了這一思想。他認為女人可以和男人一樣成為武士和哲人。[6] 在《法律篇》中，柏拉圖更加務實一些，他認為女人可以突破傳統的束縛，從事更多的社會活動，但小家庭不必廢除。這樣的想法，即使表述得不那麼絕對，在柏拉圖時代也可說是振聾發聵，為此也招致了很多嘲笑和誤解。

---

6　見《理想國》卷五456a–b。

這些問題在近代已經被充分、系統地討論過，因此我們可以看出柏拉圖所提方案的種種缺陷。這種理論不是建立在經驗的基礎上，而是從有關人性的抽象論述中以先驗方式推導出來的，因此無法應用於現實社會。這種理論雖然沖決傳統思想的束縛，但不切實際，在歷史上沒有造成實際的影響。此外，柏拉圖雖然在理論上認同男女平等，但實際上仍堅持認為女性在生理和心理上的表現均不及男性。[7] 原因在於，他認為若改變婦女的命運，必須要求她們做與男人相同的事，扮演男人所扮演的角色。他沒有看到在女性身上、在她們的社會活動中有任何值得尊重、值得保留、需要男性和女性共同承擔的東西。因此他不斷貶低、歧視女性。

因此我們不難理解為何人們對柏拉圖有不同的定位。有人視柏拉圖為女權主義的先驅，因為他覺得不應該將女性排除在男性活動之外。也有人認為他從骨子裏反對女權主義，因為他認為我們可以關注女性，但目的僅在於將女性按照男性理想來重新塑造。考慮到這是一個棘手的問題，而且女權主義陣營內部也有分歧，傳統意義上的女性活動和女性特質究竟應該拋棄還是應該珍視，意見並不統一。因此我們就不難理解為什麼柏拉圖的觀點會引起不同的回應。我們既可以批判他缺乏對女性的理解和同情，也可以讚揚他能

7　比如《理想國》卷五451a–e，455d–e等處。

夠注意到婦女社會地位是一個必須解決的問題。其他哲學家無人思考過這個問題，這說明柏拉圖思想的獨創性。以亞里士多德為例，他對流行的思想少有懷疑。婦女操持家務、沒有政治權利、沒有受教育的機會，他並沒有覺得有何不妥。亞里士多德頗能代表過去哲學家的基本態度。

有一個故事，說柏拉圖的學園裏還有兩個女學生，一個叫拉斯特妮婭（Lastheneia），另一個叫阿西歐提婭（Axiothea），她們倆都是在讀完《理想國》之後，女扮男裝混進學園的。這個故事可能是有人讀了《理想國》之後杜撰出來的，但無論是真是假，都說明在人們看來，柏拉圖認為性別與思想發展毫無關係。

## 性與性別

雖然柏拉圖一向在西方哲學傳統中地位顯赫，但20世紀之前，出於各種原因，他關於性、愛情和性別的觀點一直被視為哲學討論的禁區，人們故意漠視他對話中相關的內容。這種虛偽的態度雖不始於19世紀，但在19世紀中表現得最為明顯，因為當時柏拉圖著作在大學教育中佔有重要的位置。

同性戀在當時根本無法公開談論，要讀柏拉圖，只能靠經過刪改、引人誤解的譯本。同時，人們也隱隱約約感到所謂柏拉圖式的愛情大概不是為社會認可

圖7 19世紀末期風格的柏拉圖

這一看法雖不能說大逆不道，但也一直淪為笑談。直到19世紀的婦女運動，這一看法方被當作嚴肅的政治議題。一百五十年來，人們一直帶着這個問題談論《理想國》。單純就這一點而論，研究柏拉圖對現代女權主義的討論並無幫助。柏拉圖的出發點以及很多假定距離我們太過遙遠，他已無法加入到我們的討論中來。

但是柏拉圖對女性的態度，顯示出他最激烈、最具開創性的一面。他認為女性的社會地位並非天經地義，女性能勝任男性所有的工作，僅此一點已然是發前人所未發。

儘管他關於愛慾與哲學的思想非常獨到，但若我們平心而論，他對同性間愛情的思考並沒有太多獨創性。只是由於後來很多讀者為同性戀問題攪得不得安寧，這才誇大了這一問題的重要性。

第五章
# 德行：個人與社會

## 如何獲得幸福

　　在許多對話中，柏拉圖力圖解決一個重要問題：如何過完美的生活。他的出發點是當時社會普遍持有的觀點，那就是，我們都在追求幸福。倫理學就是指我們不僅關心如何生活，更要關心如何才能有高尚的生活，使人生活得更有意義。人人追求幸福，這裏的幸福是指高尚的生活(這與現代人關於幸福的觀點截然不同，因現代人將幸福等同於快樂，而對於所有古代哲人，幸福意味着成就一種高貴、人人羨慕的生活)。柏拉圖從未懷疑這便是一切倫理思考的起點。但究竟什麼是高貴的、人人羨慕的生活，以及如何獲得幸福，柏拉圖給出的答案與常人迥異，也與其他哲人不同。

　　無論古人還是今人，許多人都想當然地以為幸福生活意味着有所成就，所以成功人士，尤其是有錢人，日子過得安穩的人便可稱幸福。如果有人說，被社會排擠的失敗者的生活是幸福的、令人欽佩的，而且是值得我們效仿的，那麼這種觀點一定會被視為怪

論和謬說。但柏拉圖受蘇格拉底影響甚深，而蘇格拉底放棄世俗功名，一心致力於哲學，最終受審、被處死。但在柏拉圖看來，蘇格拉底的生活才真正值得讚美。這樣看來，大多數人關於幸福生活的觀點是大錯特錯了。

　　但錯在何處？他們認為如果擁有一般人珍視的東西，比如健康、財富、美貌等等，這樣的生活就很美滿，他們就很幸福。可是問題在於，這些東西真有價值嗎？真會有益於你嗎？柏拉圖認為你就像拿着工具和材料的工匠一樣，只有當你使用這些外在之物，用它們來完成某種工作的時候，它們才對你有益。另外，你必須用這些外在之物做正確的事，將它們合理、明智地使用，否則它們對你無益，甚至對你有害。比如說，贏了彩票的人可能不會因為贏錢而更加幸福。如果贏來的錢她使用不當，這筆錢便對她毫無益處，甚至還會毀了她的生活。幸福不僅僅是你所擁有的那些東西，你還必須將這些東西用於正當的途徑，就像工匠對待她手上的原材料一樣，然後這些外物才會對你真正有所裨益，使你的生活更加完善。

　　因此我們看到，那些讓我們合理使用物質條件的美德，柏拉圖在《法律篇》中稱其為「神界之善」，與此相對的是單純由外物本身構成的「人世之利」。沒有前者，後者對我們毫無裨益。因此，健康和財富的真正價值在於我們是否擁有勇敢、正義這些美德。

而如果這些美德對於我們人生有所幫助，必須以理性的推斷作為基礎和指導。因此，在《歐諦德謨篇》中，使人生更有意義的那種美德被稱做智慧，指的就是指導德行的具體知識。

毫無疑問，這是一個大膽的見解。何以見得？柏拉圖是不是說：健康和財富本身還不足以使人生更完滿，還必須依靠智慧將其施之於正途，我們方真正擁有完美的生活？如果真是這樣，他便認為健康和財富只在一定條件下、只有在完美的生活中才是有益之物。有無可能柏拉圖持更加嚴厲的觀點，認為諸如健康和財富從本質上說根本無益，唯有當人明智地使用健康、財富以及其他有利條件之時，我的生活才變得完美？

柏拉圖似乎沒有辨析上述兩種觀點的不同，因為我們可以找到不同的證據支持這兩種不同觀點。後來的倫理學理論於此作了更細緻的區分，而斯多葛學派認同後面這種更嚴厲的觀點，並宣稱柏拉圖開啟了這一思想。原因在於，這種更嚴厲的觀點認為美德本身就足以帶來幸福，而這種立場柏拉圖在其他地方也有所表述。

## 關鍵所在

在《申辯篇》（蘇格拉底的法庭自辯）、《克力同篇》和《高爾吉亞篇》中，柏拉圖明確表達了一種毫

不妥協的立場。蘇格拉底稱，判斷人幸福與否，唯一要問的就是人是否有德行。若我們知道這是一件錯事，我們便不當去做，至於後果如何、得失如何，都不能絲毫影響我們的判斷。即使有殺身之禍，也不當為求生而犧牲自己的主張。為什麼蘇格拉底堅持認為美德無論如何都不應當放棄，一切關於金錢和個人安危的念頭都應置之度外？我們已然看到，美德不僅僅是我們擁有的一種利，一種可以和其他諸如財富或安危放在一起來衡量的利。美德乃授之於天，是所謂「神界之善」，它或者是唯一的無條件的至善，或者是唯一有資格被稱作「善」的東西。它之所以能凌駕於諸善之上，是因為唯有美德方能使我們將其他俗世的便利施於正途，唯有美德方能決定健康和財富究竟對我們有益還是有害。因此美德經常被當成一種技藝或專門技能，一種實際知識，用來將外物轉化為一完整、統一之物。

這個見解引人深思。在我開始思考如何過完美生活之時，我已先有自己的生活，我有一整套信念和社會關係，比如我的家庭和職業，我的人生目標，我的抱負和夢想。我也希望成為一個高尚的人，勇敢而不懦弱，公正而不卑鄙等等。柏拉圖堅定地認為，美德自有其特殊的位置和價值。成為有德之人不是說在擁有財富和健康的基礎上，再加上美德。相反，美德乃是指導、規範人生最重要的因素，其他方面不過是美

## 不背德

在《克力同篇》中(48c–d)，蘇格拉底一邊等待處決，一邊思考是否應該越獄的問題。[1]

蘇格拉底：那麼，根據我們所同意的，必須研究，未經雅典人釋放，企圖離開此地(指監獄)是否正當。正當，我們儘管去做，否則只好罷論。你所提關於花錢、毀譽、兒子無依等等，確實只是大眾的想法……至於我們，在理性的約束下，除方才所同意的結論之外，不得慮及其它。請問：賂人帶領離開此地，或行賄得人之助以自逃，此舉是否正當，或者做這些事確實是背理枉法。行這些事若是不正當，我們就不得計較留在此地靜候死期以及其他任何悲慘境遇，應當念念在於免行不義。[2]

---

1 克力同(Crito)是蘇格拉底忠實的朋友，在蘇格拉底受審和受刑時都在場。在蘇格拉底受刑前，他幾次勸說蘇格拉底從監牢中逃走，並許諾自己可以出錢出力。在這篇對話的開始，克力同提出以下3點理由：「(一)蘇氏含冤死去，旁人要笑克力同重財輕友，捨不得花錢救友的命。(二)克力同為蘇氏解決疑難問題：(甲)不必顧慮累朋友破財與冒險，錢有的是，冒險是應該的；(乙)不必愁無處可去，薔他利亞等地都有克力同的朋友，能招待他。(三)死去就是拋棄兒子，有虧父職。」(引自嚴群譯本的「譯後話」，見嚴群譯本頁115)隨後，蘇格拉底便開始論證逃走這一行為是否正當。
2 嚴群譯本，《遊敘弗倫、蘇格拉底的申辯、克力同》，頁104–105。

德得以施展的物質條件。美德產生完整有序的人生，而如果美德不能實施其影響，結果便是一團糟。如果我們從這個角度看問題，就能理解為什麼柏拉圖認為美德如此至關重要。只不過柏拉圖表述這一理論並不精確，而後來的哲學家則通過思考，完善了這一美德至上的理論。

## 以神為榜樣

對現代讀者來說，這種說法未免強人所難。我們大都認同亞里士多德比較平易的觀點，他承認美德是生活中的基本要素，但也強調像健康和財富這些世俗之利也自有其不可缺少的價值。若擁有它們，你的生活會更好，而一旦失去它們，你的生活會被破壞，你也不再幸福。

即便是古人也認為柏拉圖的觀點難以實現(前面已經說過，這種觀點一般被當作斯多葛派比較嚴厲的意見)。如果他的主張是對的，那麼我的生活將發生翻天覆地的變化。我就會放棄追求財富或者權力，而會盡我所能讓美德來統領和規範我的生活。對大多人來說，這意味巨大的改變。

但有時柏拉圖似乎又認為，讓美德指導人生選擇、徹底改變生活，還遠遠不夠。你應當意識到，我們日常的擔心和憂慮統統是微不足道、無關緊要的。

你應該努力相信，人們汲汲以求的東西都毫無價值。就是說，美德要求你遠離日常所思所想之事，遠離日常生活中不可避免的善惡交雜。因為現實中根本不存在純粹的美德和真正的完善。「因此，我們必須盡速逃此世而趨彼世。欲逃此世則須力求肖神，肖神則在於正直、清淨、而加之以智慧。」（《泰阿泰德篇》176a–b）[1]

效仿神的思想會讓柏拉圖的讀者感到震驚。諸神乃是與人類完全不同的存在，就像其他動物與人的區別一樣。傳統觀點認為，人若極力仿效神靈，這乃是要遭天譴的大罪。柏拉圖的思想當然不能從這個意義上理解，他要表達的是關乎神之本質的精妙哲學思想。與傳統的希臘諸神不同，柏拉圖的神是純善，完全沒有罪惡，因此仿效神就是盡人力之所能，努力趨近完美。

認為美德就是效仿神，這與古代倫理思想的主流完全不合。古人多視美德為人之本性與潛質的實現，而不是超越人世理想，離世棄俗，在追求完美的過程中變成高於常人的另一種存在。這種出世的思想在被擱置數百年之後，在古代晚期又迸發出新的活力，尤其可見於「新柏拉圖主義」對柏拉圖思想的解釋以及該派對基督教思想發展的影響。

---

1　嚴群譯本，《泰阿泰德·智術之師》，頁67。嚴譯所謂「肖神」就是模仿、仿效、效法神的意思。

## 教化之功

　　柏拉圖雖深受這一思想吸引，但大多數情況下他仍以美德為一種躬行實踐的知識，必要運用於人生中，影響每一個人的生活。我們已經看到，人人均以追求幸福為人生之鵠的，而柏拉圖認為成就德行乃是獲取幸福的頭等大事。可是人如何能夠成為有德君子？柏拉圖的學生亞里士多德認為，我們需以身邊的有德之士為榜樣，進而效仿、超越、批評他們的思想。如果行之有效，我們終將獲得更豐富、更深刻、更合一的美德。但我們必須始於身邊社會的價值標準。柏拉圖的見解卻截然不同。他對渴望追求美德的人有很多惟妙惟肖的刻劃，但這些人總是與他們所處的社會扞格不入，找不到任何同情和支持。柏拉圖在一處寫道，一個人越是才華橫溢、生性敏感，便越容易受各方社會壓力的鉗制。

　　柏拉圖意識到，這些壓力不完全是道德或政治方面的壓力。社會文化在多方面影響到個人。特別要提出，柏拉圖強調藝術在塑造社會成員的價值觀方面有重要作用，柏拉圖是提出這個問題的第一人。現代社會中電影、電視和書籍的功能，就相當於柏拉圖時代雅典的戲劇表演、節慶、以及誦習史詩(特別是兩部荷馬史詩，《伊利亞特》和《奧德賽》)和抒情詩。柏拉

圖非常嚴肅地看待這些藝術形式，認為它們決不僅僅是無害的娛樂形式。

《理想國》和《法律篇》是柏拉圖兩部篇幅最長的對話。在《法律篇》中，他為理想的新城邦草創了一部法典，他特意強調對城邦的文化活動要大刀闊斧地實施改革，方能有益於公民心靈的健康發展。傳統文化，特別是詩歌當中的主題內容應當徹底地改寫，凡助長自私自利、破壞協作精神的段落都應予以清除。而且柏拉圖對戲劇表演深感憂慮。就像後來很多國家的清教徒一樣，他認為扮演戲劇角色，會使演員的自我變得脆弱易變。他還對戲劇之於觀眾的影響非常擔憂，因為戲劇會誘使觀眾輕視高尚的情感，削弱觀眾的情感自制力。在《法律篇》所勾勒的改進的城邦裏，構成希臘流行文化的戲劇(就是我們現有的「希臘悲劇」)根本沒有立足之地。這樣做勢必會造成人們創造力和想像力的枯竭，但柏拉圖絲毫不以為意。他最關心的是民眾的精神發展，本可用於藝術方面的心理能量在柏拉圖的理想城邦中必須嚴格限定在這一領域。

## 個人與國家

迄今為止我一直討論的是社會團體，而非國家，而對柏拉圖來說，在文化領域和政治領域之間並無明確的分界。在他關於治國的理論當中，政治制度已不

## 不容異見

在《理想國》(492a-c)下面這一段中，柏拉圖對流行文化的影響深表懷疑，因為它壓制個人的思想。這一段生動地表現了他的觀點。

蘇格拉底：哲學家之為善與不善亦由於此。亦如植物之一遇適當之培養，適當之天時土地，則無不勃然而興，至完全暢茂成熟而後止。設其所遇不當，則苟無天佑，必成為最不良最有害之野草。抑汝亦知眾人所謂無數青年，為詭辯家所敗壞，而複有無數之詭辯家，隨時隨地，誘惑青年，使之為所不當為乎？以余觀之，為此言者，非詭辯家之最大者歟？蓋論調若此，實於無形中授青年以種種不良之教育，非適導之使為彼輩一流之人物耶？

哀地孟德：彼等於何時教育之？

蘇格拉底：每於公眾集會之時，若法庭、若劇場，或其他公共之所。多人所視為不善，則大唾罵，而合意則歡呼鼓掌之聲，震動屋宇。無論為彼等所是非好惡，無不言過其實。而當其唾罵或稱頌之際，其氣焰之盛，令人戰慄。當此時，年少之人，其孰見之而惕慄，不論其所已受者為何種之教育，尚能至此而不為大眾之潮流所捲，而屹然不動乎？勢必至眾所以為是者，彼亦以為是。眾所以為非者，彼亦以為非，而實無一己之意見可言也。[1]

---

1　《理想國》，吳獻書譯(1929年；商務印書館，1957年重印)，第三冊，頁82-83。

容人民盡最大程度追求個人目標。柏拉圖政治理念的核心是，你爭我奪的個人主義是應解決的主要政治問題。民眾總追求一己之私欲，而不願意為公共利益而相互協作。柏拉圖在《理想國》中明確說自己勾勒的是一個天方夜譚式的理想城邦，而在《法律篇》中，他具體描述了應當如何治理一個理想化的希臘城邦。柏拉圖重新營建了政治和教育制度，以期培養出熱心公益、與城邦其他成員同甘共苦的理想公民。即便在《法律篇》中，柏拉圖還是認為婦女應當視自己為城邦一員，應當投身公務，而不要完全陷於單調乏味的家務事中。在《理想國》的玄想中，柏拉圖將這些思想推到極致，竟主張取消家庭，而在《法律篇》中，他卻強化家庭的作用，將其視為培養急公好義的公民的根基。

提出如此激烈的觀點，為培養有公德心的民眾而不惜對政治制度作天翻地覆的改革，柏拉圖的理由何在？他認為這是治理社會唯一的理性辦法，唯有依靠此法，社會才能形成一整體，而不是一群彼此傾軋的烏合之眾。這些理論每次被論及，總被當作專門之家深思熟慮之後所提出的解決方案，並經常比作職業領航員或者醫生的權威意見。相反，當時雅典所認可的民主制卻被表現為一群你爭我吵的烏合之眾，人人都在為自己那一點蠅頭小利而吵吵嚷嚷，對於整個社會的需要卻沒有任何深入瞭解。

## 民主與官僚

在柏拉圖看來，民主以官僚機制壓制了個人才華。在《政治家篇》這一段中(298c–299d)，他挖苦道，如果航海和醫術也由雅典民主制來管理，不知會如何。他後來也承認，民主管理在現實世界中可用來防範對權力的濫用。

埃利亞來客：假設我們下令，禁止任何人，無論是奴隸還是自由人，再受航海術或醫術的約束，假設我們自己組織一個代表大會……我們容許普通人和其他行業的工匠發表有關航海和疾病的意見，比如如何對患者用藥、在何處下刀，甚至容許他們自行駕船航行……而這些意見可以著於書版、勒於金石……今後，凡航行和治病，都須以此意見行事。

青年蘇格拉底：你所說的，真有些古怪。

埃利亞來客：我們每年從民眾中選拔官員……用抓鬮來決定。執政者當依照寫下的條例來駕船和治病。

青年蘇格拉底：這更讓人難以接受。

埃利亞來客：再看看還會發生什麼。一年後，執政者任期屆滿，將會有專門的法庭來調查審問他們的所作所為。任何人如果願意，都可以指控他人在那一年中沒有依條例駕船……或沒有依條例治病。法庭必須決定違法者當如何受刑或受罰。

青年蘇格拉底：在這種情況下，若有人還心甘情願擔任一官半職，這個人就活該要受刑或受罰。[1]

---

1　據作者英譯文譯出。

圖8　這是「抽籤機」的殘片，用於分派公職或任命陪審團成員，從公共
廣場（雅典主要的公民集會場所）的遺址中出土。雅典民主制廣泛使
用拈鬮制度，來確定誰擔任公職。雅典人認為任何公民都有能力處
理公共事物。選舉被認為是一種精英政治，不過像十將軍組成的委
員會這樣重要的機構還是要靠選舉。柏拉圖在《法律篇》中描寫的
理想化的城邦中，加強了選舉的作用，削弱了拈鬮制的功能。

柏拉圖認為民主制是一種危害，因為它認為無需專門知識也可以治理國家，如此一來便不能鼓勵人民更多地為公益着想。在民主制中，有才之士被迫向平庸之輩看齊。另一方面，在現實社會中，一些自詡為治國良才者往往自行其是，無法無天，而民主制所推重的官僚體制和權力分割的確可以防止對權力的濫用。在《理想國》的幻想世界中，最高權力被交給完美無瑕的人。但在其他著作中，當柏拉圖思考現實問題時，擁有專門知識的治國者仍然是最理想的選擇。他雖不喜民主制，但也承認民主制乃是現實中可推行的最佳方案。在《法律篇》中，柏拉圖便以雅典的民主制為基礎設計政治改革方案，將民主制引向天下為公的方向，而任何其他政治制度都沒有被當作改革的起點。在柏拉圖看來，民主制雖不盡人意，但仍然勝過其他的選擇。但只有在理想國度裏，我們才會生活得更好，我們才不會彼此漠不相關，而是懷抱共同的理想凝聚在一起。我們已然看到，柏拉圖認為不管現實世界如何，個人必須以美德為人生的準則，在這方面他毫不妥協。但他也多多少少保有一線希望，希望現實世界能有一些改善，以弘揚美德。

# 第六章
# 靈魂與自我

## 靈魂問題

在希臘思想中，靈魂是使生命體受生之物。這便帶來與靈魂相關的一系列問題。我們的身體被賦予生命，但使軀體受生之物究竟是一種物質形式還是完全不同的一種存在？如果是後一種情況，我們當如何理解它的本質？靈魂與軀體是不可分割的嗎？當軀體死亡、失去活力時，靈魂也一道消亡嗎？還是靈魂在軀體死亡之後仍以其他形式繼續存在？人究竟為何物？到底是有生命的軀體，還是獨立存在的靈魂？如果人之所以為人，乃在於靈魂，是不是說當軀體不復有生命之時，人依然不死？

在柏拉圖時代，對這些問題早已有各式各樣的回答。柏拉圖在著作中給出了多種解答，有些說法相互矛盾。但有兩點他深信不疑。他認為靈魂是與身體迥然不同的存在，這是他一個根本的理論前提。的確，人們一向以為柏拉圖是二元論的代表，所謂二元論就是指靈魂和身體(按我們現在的話說，就是心靈和身

**蘇格拉底臨終遺言**

在《斐多篇》（115c–116a）裏，蘇格拉底正準備服毒：

克力同說：「可是我們怎樣埋葬你呢？」
蘇格拉底說：「你們愛怎麼辦就怎麼辦，把我抓牢不讓跑
掉就行。」然後溫和地笑着，瞧着我們說：「我無法使克
力同相信，那個談天說地、體察入微的蘇格拉底就是我。
朋友們，他認為我就是將要死掉的人，問起怎麼埋我！雖
然我長篇大論地說過，我服毒之後就不再跟大家在一起，
要去享受你們所知道的快樂和幸福，可是他似乎認為這只
是鼓勵大家、鼓勵我自己的空話。……你們一定要鼓足勇
氣說，你們埋葬我的身體，這樣做你們認為最好、最合
適。」[1]

---

1　王太慶譯，《柏拉圖對話集》，頁284。與蘇格拉底對話者，王
　　本譯作「格黎東」，現改為「克力同」。

體）判然有別。另外，柏拉圖從未懷疑過，當我追問
我的本質究竟為何物時，答案應該是：我就是我的靈
魂，而不是受生的身體。因此，蘇格拉底在臨終前半
開玩笑地提醒他的朋友，他們將要埋葬的不是他本
人，而只是他的身體。

　　但進一步討論靈魂問題時，柏拉圖給出的答案不
盡相同，有時相互矛盾。他時而認為靈魂乃純一之
物，而在其他地方又說靈魂可以分成不同部分，這些

部分象徵性地體現為人和動物。有時他認為靈魂的本質在於思考和思辨能力，有時他又以為靈魂的本質在於自我驅動的力量。一般來說，柏拉圖持靈魂不朽說，因此靈魂與身體的關係僅僅是暫時性的，但我們也能找到與之矛盾的說法。有時靈魂是身體的主宰和引導，有時靈魂是深陷身體牢獄的囚徒。柏拉圖關於靈魂的說法很難組成一個連貫、一致的理論。有些學者認為這可以證明柏拉圖思想有不同發展階段，但我們很難發現一以貫之的主線。比較合乎情理的看法是，柏拉圖以不同思路探究相同的問題，我們自然不能強求這些探索都趨向同一個方向。

## 純一物或複合體？

在《理想國》中，柏拉圖有一段著名論述，將靈魂分為三「部分」或三方面。[1] 我的身體既已被激活，我便作為一統一體行事，但我身內交織着不同的慾望和衝動，相互衝突。柏拉圖設想一個口渴的人卻不去喝水，因為喝水可能會對他不利。(柏拉圖沒有詳論不喝水的原因，但我們不難找到許多理由來說明喝水可能對他不利。)這不同於魚和熊掌不可兼得的例子，這種衝突實際上是內心兩種絕然不同的驅動力之間的較量。我的本能要求我此時此刻的慾求立即得到滿足，

1　《理想國》卷四439–440。

不去衡量後果如何；而我之所以能暫時克制自己的慾求，乃是由於我衡量了什麼事從長遠來看對我最有利。這便是理智，理智使我對人生整體作全盤的瞭解和規劃，驅使我追求這一更高的目標。我必須克制自己的欲念，因為如果隨意滿足自己的慾望，便會妨礙實現更高的目標。

對於一個身處過去、現在和未來當中的人來說，理智不僅僅是為你作整體規劃的思維官能。它無需借助慾望，也能為你提供行動的動力。慾望驅使你在當下立即獲得慾望的對象，而當慾望的滿足並不符合你最大利益之時，理智便會幫助你加以抵制。

短期慾望與經過理智思考的長期驅動力之間存在鮮明的對立，但柏拉圖覺得這還不足以解釋我們所有行為。我們身上還有 *thumos*，這個詞可以翻譯成「精神」、「情感」等概念。它與理智有別，因為它無法用語言表達(比如在孩童和動物身上)，它也可以和慾望發生衝突。柏拉圖有一個有趣的觀點，他認為有時我們可以壓制特定的慾望，但又說不清道理何在。有時主導我們的是一種完整的自我意識，這種意識能服從與特定慾望相衝突的理念和熱望，但又無法推導出根據是什麼。(柏拉圖舉的一個例子是，士兵積極響應祖國的召喚。)這就是靈魂中主感情的那一部分，比單純的慾望更複雜，更富有認知方面的判斷，但又缺乏理智所具備的反思能力。

圖9 《費德羅篇》中將靈魂比作插上翅膀的雙駕戰車。這奇特的比喻吸引了歷代藝術家。此圖為多那太羅（Donatello 1386–1466）所繪的一幅半身像中人物身上所佩戴的徽章。這說明畫中人物對意大利文藝復興時期柏拉圖思想的復興運動頗感興趣。（當時柏拉圖思想的復興深受古代晚期新柏拉圖學派的影響。）

柏拉圖在《理想國》中將靈魂分作三部分，此説意在揭示在高尚的生活中，理智主宰靈魂的全部，而靈魂每一部分都可在各自範圍內發揮各自的作用。理性之所以為主宰，乃是因為它明瞭人最高的福祉，而其他部分僅明白一己之利。若聽任這些部分控制人之全部，必然導致靈魂功能的喪失。

　　在《費德羅篇》中，我們能找到同樣的理論。在這篇對話中，人被比作雙駕戰車，御車者便是理智。而駕車的兩匹馬，一匹代表情感，頗為馴服，而另一匹則代表慾望，它桀驁不馴，總力圖將戰車帶入歧途。而理智則竭其所能，駕馭這兩匹馬。[2]

　　雖然情感和慾望被比作與理智交戰的動物，我們也發現它們用語言交流。柏拉圖將它們描寫成會説話的馬（其中一匹耳朵是聾的！）。他認為靈魂各部分既是實力不等、相互廝殺的力量，又是人身上與理智在不同程度上相互配合的部分。情感與慾望自有理性的成分，可以進行交流，但理性的程度不高，因此不足以被描繪成人形。在《蒂邁歐篇》中，靈魂的組成部分分別被安置在身體不同部位，理智居頭部，因其統領其他成分，而情感居身體上部，慾望居身體下部。[3]

　　但在《斐多篇》以及《理想國》全書結尾處，我

---

2　見《費德羅篇》246a–247c。

3　見《蒂邁歐篇》69d–71b。

們發現柏拉圖的另一種理論。[4] 他認為靈魂乃是純一的整體。這兩種理論都認為靈魂不朽，而如果靈魂之本體由多種成分混合而成，則靈魂不朽說便難以成立。這其中的根本道理在於，任何物事若由可分辨的部分相混而成，都可能消散，分解成原來的各部分。若一物於未來將消散分解，則此物如何能不朽？（當然這一論點並不完全站得住腳。）這一觀點與靈魂三分說有何關聯？這兩種觀點均見於《理想國》，人們希望將二者調和，便在「靈魂本體」一語上大做文章。靈魂看上去明顯可分為不同部分，主要在於它與身體相聯。正因為靈魂在身體中「投胎」（這一說法其實不無問題），才會出現我們身上會有相衝突的驅動力。靈魂分為不同部分，究其原因，乃是因為我們以受生的軀體形式存在，而靈魂之本體則不受分毫影響。

若靈魂的本性不受身體影響，那麼蘇格拉底死後依然存在的到底是什麼東西？肯定不會是在他生前曾賦予他身體活力的東西，而應僅僅是不受身體絲毫影響的那些部分。蘇格拉底有理由斷定那不死的部分真是他本人嗎？

**心靈或驅動者？**

柏拉圖傾向於將靈魂與身體直接對立起來。在描

4　見《斐多篇》78b–80c，《理想國》卷十608d–611a。

述我們的心理世界和求知過程時，他總將靈魂與身體視為相互爭競的力量，總是貶抑身體。因此，早期教會主張苦行禁慾的教父非常喜歡他的思想，他們將聖經中靈與肉的對立解釋成柏拉圖所主張的靈魂和身體的衝突，這一點對西方基督教關於身體的看法造成了深遠的影響。

但我們已看到，靈魂與身體之間並非簡單的對立關係。當靈魂賦予身體活力之際，靈魂的一部分已受到身體的影響，並與身體交織在一處。因此，柏拉圖有時只簡單地提及身體與靈魂一般意義上的差別，在其他一些地方，他想到的是被賦予生命的、為靈魂所灌注的身體與未受身體影響的靈魂之間的差別。在討論知識的一些段落中，這種差別主要表現為感官與靈魂之間的差別。感官賦予我們信息，但靈魂一旦被刺激，就不僅僅單純要接受和處理這信息，還要反思、乃至超越這信息。在《理想國》(523a–525b)中，靈魂發現感官對外部世界的呈現相互矛盾，靈魂被激發，開始思考如何能準確理解外部世界。在《泰阿泰德篇》(184c–186e)中，蘇格拉底幫助年輕的泰阿泰德自己看清，我們不僅僅接收感官經驗，還要解釋、超越感官經驗。而這一點，感官憑藉自身根本意識不到。

柏拉圖認為我們的感官判斷中到底有哪些歸於身體、哪些歸於在身體中起作用的靈魂，我們很難歸納出一整套一以貫之的理論。但有一點很清楚：柏拉圖

## 感覺、身體與心靈

蘇格拉底：知覺物之為熱、為堅、為甘，知覺此等物性，所通過的器官，你是否認為並屬身體？……通過其一官能所知覺者不得通過其他官能，如通過聽官者不得通過視官、通過視官者不得通過聽官。

泰阿泰德：我如何能夠不承認呢？

蘇格拉底：分別通過視官聽官而知覺、然後一併加以思考，不能一併通過其一器官而知覺之。

泰阿泰德：不能。

蘇格拉底：關於聲與色，不是一併加以思惟，首先，認為二者存在嗎？

泰阿泰德：是的。

蘇格拉底：其次，認為二者其一異於其他，而各同於己。

泰阿泰德：當然。

蘇格拉底：再次，二者共為二、各為一？

泰阿泰德：亦然。

蘇格拉底：也能察其相似與否？

泰阿泰德：也能。

蘇格拉底：凡關於二者之如此類似，通過什麼器官而後加以思惟？二者之共同處，不能通過視或聽而後統攝之。……通過什麼器官而後施會通之能、而後曉聲色及一切物之共性，如所謂「存在」、「不存在」與方才關於聲色所云種種？你能否指出，有什麼器官適應於此種種共性，通過什麼器官而後一一知覺之？

泰阿泰德：你指「存在」與「不存在」、「似」與「不似」、「同」與「異」、物之為一與為他數，顯然也指「奇」、「偶」及其相聯的其他概念；問通過身體上的什

麼器官，以心靈知覺此種種共性。……蘇格拉底，我說不出；似乎絕無特別器官專作會通事物的橋樑，如感官之各有所司；我想靈魂自具機杼、以潛觀默察一切事物的共性。

蘇格拉底：泰阿泰德，……你使我免於辭費，如果你已明白：若干事物，心靈自具機杼以潛觀默察；若干事物，心靈通過身體上的官能而後知覺之。這是我自己的看法，希望你也同意。

（《泰阿泰德篇》184e–185e1）[1]

---

1 嚴群譯本，頁78–80。作者為簡練起見，引原文時有所裁剪。省略號代表略去的內容。此處譯文對嚴譯的個別詞句稍作改動，如心靈變為靈魂。

所謂的靈魂對應於我們所稱的心靈或者知性。我們的心理機制不僅包括接收感官經驗的能力，還包括整合、解釋感官經驗的認知能力。此外，知性並不局限於解釋感官，它通過反思來超越感官的界限，從而發現無需感官也能把握的東西。心靈這種獨立的運作經常與我們的感官經驗產生鮮明的對立，它們爭奪心理空間和能量。單純依賴感官經常被貶低為被動的昏睡狀態，而若要喚醒某人，意味着她必須擺脫感官經驗的束縛、必須開始用心靈來思考。柏拉圖很多生動的段落貶低身體，貶低依賴身體來探求知識，這種狀態常被稱為做夢，與之相對的則是從夢中醒來。

柏拉圖經常強調，這些純粹思考的對象是穩定、

不變動的。它們是數學研究的對象，柏拉圖稱之為「理念」，這一概念我們下一章將論及。在《斐多篇》(78b–84b)其中一段，蘇格拉底甚至強調靈魂與不變的理念十分相像，也就是那些不受感官經驗的變動任何影響的純思的對象。因為靈魂與純思和知性的對象，那些不變、穩定、純一之物極其相像，因此可以推斷靈魂本身亦為不朽。

但是在《費德羅篇》(245c–246a)中，我們看到靈魂之所以不朽，乃是因為它總在運動(或變動)中。它的運動從不停止，因為靈魂可以驅動自身，而所有他物均受其驅動。這裏談論的是所謂「所有的靈魂」[5]，這不免帶來理解上的困難：我們不清楚這一概念是指所有靈魂個體，還是指靈魂的總稱 —— 就像「雪」或「金」一樣，指代的不是個體，而是某物的總量或總數。當然，我們在《蒂邁歐篇》和《法律篇》(893b–899d)中也能找到相關的思想：整個世界擁有一個靈魂，而我們的靈魂只是單獨的部分。因此柏拉圖至少將其理論重心從單獨的、被賦予靈魂的個人身上移開。

將靈魂界定為自我運動，這是一個既深刻又有趣的觀點，亞里士多德後來對此作了發揮。對於生命體來說，這是顯而易見的，因為生命體運動和變化的根源來源於自身，這與無生命體不同。另外，既然其他

---

5　這一概念希臘文作*psuchē pasa*，英文譯作all soul。

的運動都需要一個自我運動者成為其動因，柏拉圖自然引出了亞里士多德關於「不動之驅動者」[6]的學說。柏拉圖從自我運動的角度論證靈魂不朽，而不是從靈魂與永恆不變之物的相像來論證，事實上他關注的是靈魂的另一個側面。柏拉圖認為與永恆不變之物相似的當然是我們的理智，而不是總處於運動當中的靈魂。進而言之，這不僅僅是我托生在身體內的個體靈魂的不同方面。柏拉圖表述了關於靈魂與身體根本區別的兩種不同思想。我的靈魂使我有能力追求超出感官經驗範圍的真正知識，但我的靈魂也是宇宙間生生不息、變動不居那種力量的一部分。後來的柏拉圖主義者都從學理上找到一些方法，將這兩種理論勉強調和在一起，但柏拉圖在其對話中卻從未這樣做過。

## 主宰還是囚徒？

靈魂與身體的關係常被說成統治與被統治的關係。靈魂高於身體，是統領身體的原則。統領者需要有臣屬，柏拉圖認為反之亦然。這看起來像是一種穩定、但不平等的關係。但我們也發現，尤其在《斐多篇》中，我們需要從身體中「淨化」自己，而哲學當被理解為應對死亡的訓練，這裏的死亡指靈魂最終逃

---

6　亞里士多德關於「不動之驅動者」的論述，見其《形而上學》卷四第八章最後一句話，1012b30–31。

離身體的監牢。身體本身是一種罪惡，它向下拉扯靈魂，用自己的需求糾纏靈魂。死亡則是靈魂擺脫身體侵蝕的解脫。

這裏的矛盾並非本質上的矛盾，而主要因為強調的重點不同、所用的語言表達不同。柏拉圖一向認為，靈魂和身體是絕對不同的兩物，他總以不同方式將此種差別生動地揭示出來。一種方式是以身體為靈魂的羈絆，另一方式則是強調靈魂是身體的引導。這是以不同方式強調所謂「柏拉圖二元論」。之所以稱為二元論是有道理的，因為靈魂和身體迥然不同，它們之間的關係充滿疑問，難以準確理解。但柏拉圖給我們，也給他自己留下一道不必要的難題，因為他沒有劃定靈魂與身體之間的界限到底在哪裏。我們已然看到，靈魂與身體的區別有時在於一方被激活，而另一方主動賦予活力；有時區別在於一方是被激活的身體，另一方或為思考功能或為自我運動的能力，但只屬靈魂所有，與身體無涉。由於這些界限模糊不清，也由於他對靈魂本性的看法經常改變，因此我們才有關於靈魂與身體關係的不同說法。

**轉世的神話**

在柏拉圖對話中，最突出的一個主題就是人死後，靈魂依然存在。但我們也看到，靈魂究竟是什

麼，並不清楚。尤其當柏拉圖強調要擯棄身體之時，很難明白那不會消亡的何以就是個體靈魂(比如說，蘇格拉底自己的靈魂)，因為與蘇格拉底這個有血有肉的人相關的一切都將被拋棄。

柏拉圖在這個問題上周旋，但並沒有解決。在有些對話中，我們發現了一些死後善有善報，惡有惡報的故事。經常有人說，這些善報和惡報對靈魂將要授生的生命有影響。有時柏拉圖會給我們完整的靈魂轉世說，今生是前世的結果，也包含來生的憑藉。此說的前提是，個體靈魂歷經千百劫數，仍能保持同一。靈魂因前生所為，或上升、或沉淪，只不過當靈魂再次投生時，不復意識到前世的生活。

柏拉圖的靈魂轉世說常引來爭議。有人頗讚賞這些「神話」故事，認為柏拉圖以詩性語言表達了超越哲學論辯的玄妙見解。還有人認為柏拉圖將哲學辯論難以討論清楚的思想以神話方式直接引入。這些故事的基調和作用不盡相同，有些不無諷刺(比如人可以轉世投胎，變成動物)，而有些故事卻非常嚴肅。

我們應當記住，柏拉圖避免用論說體將其思想表現為死板的教條，他總是使用多種迂迴曲折、旁敲側擊的方式。比如人死後要為今生的所作所為接受審判，又比如今生乃是由前生所作所為而決定的，這都是他認為很重要的思想。闡發這些思想的神話故事，當如何解釋？我們可以把它們當作以生動的方式來強

調此世生活的倫理意義，我們也可以認為這些故事雖沒有哲學思辨，但表達了關於靈魂和自我的一套超驗的學說。

　　或者，二者兼備。柏拉圖的寫作方式讓我們自己從不同對話中提取觀點，然後歸納整理為他關於某個問題的見解。我們會覺得力不從心，尤其涉及到他的靈魂說。如果我們設想他不斷地思考靈魂本性問題，每一次都形成不同的答案，這樣我們多少會感到一些寬慰。他堅信，靈魂和身體天差地別，它們之間的關係不易辨明。他也確信靈魂不朽，確信我之真我並不囿於身體和人世生活。柏拉圖對靈魂本性的探索並不沿着某一固定的方向，這是因為他一方面堅持某些基本觀點，另一方面又不願沿用前人的成説，而力圖嘗試多種途徑，以期了悟靈魂的真諦。

# 第七章
# 萬物本性

## 混沌與秩序

　　自然界雖偶有失衡，卻展現出驚人的秩序和規則。對柏拉圖來說，理解自然界最好的方式是將其想像為由工匠製成的造物。這位工匠盡其所能，將秩序加在無序的物質材料之上。

　　在《蒂邁歐篇》中，柏拉圖認為世界的創始出自一位神匠，他按照一個既定模式完成創世工作。這個模式是一套理性原則，體現於物質材料中，製造出一完整的結果。因世界展現出理性結構，我們可以將其視為理性的創造。另一方面，因世界在物質材料中得以實現，而物質材料鉗制理性，阻止理性發揮作用，我們必須考慮柏拉圖稱之為「必然性」的因素。必然性指萬物必然要遵從的道理，不管理由如何。

　　柏拉圖的論述在細節上有些荒誕不經，而且經常晦澀難懂，但他提出了一系列我們稱之為形而上學的問題。這位神工巧匠創造了一個完美的世界，原因何在？在《蒂邁歐篇》關於世界結構的論述中，數學起

了至關重要的作用。而在柏拉圖的宇宙觀和他關於此世界的知識論當中，數學扮演了什麼角色？最後，《蒂邁歐篇》突出體現了柏拉圖的一個著名觀點：真實世界決不是我們通常所說的身邊的大千世界，不是感官經驗告訴我們的那個世界。只有當我們運用頭腦進行抽象的哲學思辨，特別是當我們的思考能使我們接近「理念」的時候，我們在觀念中把握的才是真實的世界。

《蒂邁歐篇》一直被當作柏拉圖形而上學思想的核心。到了19世紀，由於人們強烈關注柏拉圖的政治思想，《理想國》漸漸取代了《蒂邁歐篇》的核心地位，但《蒂邁歐篇》仍被廣泛閱讀。這兩部對話都很重要，因為它們揭示出柏拉圖思想的不同側面，這些側面既對立又統一。

## 神與善

這位創世的神匠創造出可能造出的最完美的世界，因為他本身為善(《蒂邁歐篇》29d–30c)，故而希望他的造物盡可能盡善盡美。因其本身為善，故沒有嫉妒心，他希望造出的世界盡可能完美，而且盡可能像他自身那樣完美。

由於受兩千年來一神論影響(猶太教、基督教、伊斯蘭教)，我們習慣認為神是善，因其自身為善，故其

造物亦為善，當我們接觸到柏拉圖這種理論時，不會覺得驚詫。我們有兩點要記住。第一，柏拉圖在他的文化中公開提出這樣的思想，有一定的風險。第二，儘管如此，柏拉圖的立場仍不及我們所熟悉的一神論思想來得極端。

古代民眾宗教 —— 各式各樣的泛神論 —— 並不宣稱神、或者眾神本性為善。這看上去有些天真、不切實際。他們認為居於外界和內心的超自然神力乃是善惡相混。民眾宗教中的希臘諸神可以做出卑鄙無恥、危害甚深的事情。而且，他們對人類還非常嫉妒。柏拉圖認為神全然為善，而且只產生善，這使他與民眾宗教分道揚鑣。他從未擯棄當時宗教的外在形式和活動，但他的神學思想與大多數人對宗教的理解格格不入。在《理想國》中，他堅持認為諸神只產生善[1]，健全的社會必須對大部分有關神的故事進行嚴格的審查。[2]（前面已經說過，在文學藝術方面，即使需要壓制人民的創造力和想像力，柏拉圖也在所不惜。此處對神而言，他亦是如此。）

在《法律篇》中，柏拉圖走得更遠。雖然公共宗教依然維持普通希臘城邦的宗教形式，但柏拉圖提出強制措施，在基督教興起之前的古代社會裏可謂聞所

---

1　見《理想國》卷二379a–c。柏拉圖在卷二380c和卷三391e都重申此點。

2　見《理想國》卷三386a–388e。

未聞。公民不得擁有私人的祭壇和私人的敬神活動，他們必須參加整齊劃一的公共宗教儀式，除此之外他們別無選擇。重要的不僅僅是他們的外部行為，還有他們的內心信仰。所有公民必須相信神的確存在，而且這些神靈眷顧人類，決不會接受賄賂從而無視人間的罪惡。公民若否定這些信條，將被教育改造，若仍執迷不悟，將被處決。[3]在古代哲人當中，柏拉圖算得上是獨一無二，因為他認為人人都應持有正確的宗教信仰，不僅要相信神(或諸神)的存在，還要相信神只會產生善，從不為惡。

古代哲人從未如此激烈地排斥民眾宗教，無怪乎古代基督教思想家在異教哲人中獨鍾情於柏拉圖，總引柏拉圖為同道。他關心普通民眾的宗教信仰，特別是他堅持神之本性為善、而非惡，這些思想對基督教思想家都非常重要。儘管後來有很多猶太人和基督徒借鑒了他的思想，並花費無數心力試圖將《蒂邁歐篇》的思想融入《創世記》之中，但柏拉圖與這些思想家之間仍有隔閡。

柏拉圖的神是一位工匠，他盡其所能改造他必須使用的原材料。他從混沌中創造出秩序，但他並沒有從虛無中創生出原初的質料。(希臘哲學傳統一直認為，從「無」中創造出「有」這一想法是前後矛盾的。)因此，柏拉圖避免了一直困擾猶太基督教傳統

3　這些嚴厲措施見《法律篇》卷十結尾處909d–910d。

圖10　基督教的上帝如同柏拉圖的神匠。《蒂邁歐篇》對中世紀影響深遠。這是13世紀上半葉的一幅插圖，上帝正用圓規規劃世界（圓規在當時建築業中已被使用）。猶太教和基督教的創世故事在這裏以柏拉圖的方式表現出來。一位神匠將數學規則加之於混亂的物質材料上，創造出我們的世界。

的「惡的起源」問題。如果上帝從虛無中創造世界，何以他會創造出「惡」，並使「惡」成為世界的一部分？[4] 柏拉圖的神乃是像工匠一樣的創造者，他製造出完美的製品，但「必然性」的作用、物質原料中不可避免的欠缺，這些都與他無關。

## 數學與知識

在《蒂邁歐篇》中，柏拉圖着重強調天體運行(即便是不規律的運動)是可以通過數學計算的。柏拉圖還持當時流行的四元素說，但他加上一點，認為四元素的相互轉換乃是因為它們內在結構中不同的幾何圖形。[5] 在柏拉圖看來，我們的世界是有規律的世界，數學是其中的關鍵。

在很多對話中，數學是柏拉圖理解知識的重要模式。在一些短小的對話中，柏拉圖描寫蘇格拉底仔細審視各種德行，是否擁有知識經常被比作是否擁有一項技能或專長，這裏所涉及的是實踐知識。但是柏拉圖在判斷知識的時候，自有一些特定的條件(如第一

---

4　比如奧古斯丁早年受摩尼教吸引，其中一個原因就是摩尼教回答了「惡從何而來」(*unde malum*)這一問題。後來，奧古斯丁受新柏拉圖思想影響，將「惡」不再理解為一種實體，而當作對「善」的褫奪(*privatio boni*)。見《懺悔錄》卷三，7，12，以及卷七，5，7和12，18。

5　這一段討論見《蒂邁歐篇》48b以下，尤其53d–55d。

章中所論及的）。知識可以被表達出來，擁有知識的人可以「給個說法」，也就是解釋、論證她所知道的東西。知識還要求你用頭腦來獨立思考，不應該未經反思便貿然接受他人的意見。與之相反，即使是正確的意見也至少在兩方面低於知識。意見可由「勸誘」得來，而勸誘指的是跳過解釋和證明便使人相信的技巧，結果造成人雖持有某觀點，但實際並未理解。而有真知的人明白他[6]所知道的，還能「給個說法」。在一些著作中，柏拉圖將「給個說法」比作一個有專長者能清楚地解釋她所擅長的技能。

但是當柏拉圖將重點放在知識其他兩個特徵時，他往往以數學為理想的模式。這另外兩個特徵是：知識是有結構的，它不是一團雜多的信息，而是組織完善的系統，包括根本的道理和其他推導出的知識。柏拉圖認為，幾何學最能體現系統化思想，使理解過程有條不紊，這是他所熟悉的發展最充分的數學分支。在幾何學裏，我們能夠清楚地看到前提、結論、以及推導過程的精確描述。這一知識的理想形式見於《美諾篇》和《斐多篇》，在《理想國》關鍵的幾卷書中運用得最為充分。在《蒂邁歐篇》和《斐力布篇》

---

6　此處作者無意中又使用he作為泛指的第三人稱代詞，不符她在第一章所宣揚的女權主義立場（見本書第一章8頁的注釋第3條）。這一段前後都用she，這裏恐是筆誤。由此可見在細微處全面貫徹女權主義立場之難。

中，柏拉圖強調唯有數學能夠帶來我們知識當中任何系統和可靠的部分。

數學第二個鮮明的特徵在於其研究對象。一旦我們掌握畢達格拉斯定理[7]，我們便在頭腦中領悟了一個道理，不管我們畫什麼樣的圖來展示，都不影響這個定理本身的正確性。我們的展示圖不管多麼拙劣，都無關乎數學上的真理。這一定理雖不能在經驗世界中看到，但它卻是顛撲不破的。一經證明，我們便知它為真。數學這一特性對柏拉圖觸動極深，因為我們不僅能確定所證明的結論，還認識到唯有運用某種抽象思考我們才能理解這些結論。我們明白，感官經驗的證據與我們在思考中所證明的結論無關，甚至後者還會與前者抵觸。柏拉圖認為這便是哲學智慧之開始，這便是思考萬物的正確途徑。雖然他的知識論前後有出入，他有時會認為我們可以認識通過經驗得來的東西（參看第一章），但柏拉圖更願意認為：當我們意識到經驗世界並不帶來真知，當我們明白抽象思考才能產生理解，這才是邁向知識的第一步。而數學就是這一步的完美體現，它的這一特點對柏拉圖影響甚深。

但是，在思考對象和思考方式兩方面，數學還是不及哲人所進行的思考，數學僅僅是哲學思考的準備工作而已。

柏拉圖以為，哲人運用一種稱為「辯證法」的思

7　指勾股定理。

考方式。在不同作品中他對此方法的論述顯著不同，但有一點不可動搖：此方法以討論的方式展開。哲學總是包含與他人的辯駁與討論，你必須針對他人的意見，維護自己的觀點。我們不太清楚最適用於哲人的方法是什麼，關於此點有多種不同意見，但柏拉圖總是確信哲學思考勝過所有其他類型的思考。即使數學家也不能徹底領會他們得出的結論，而唯有哲學家能考察並運用他人的結論，將這些結論辨析清楚，給出能確保結論得以成立的理由。這種哲學至上論聽上去有些盛氣凌人，卻是很多哲學家追求的目標，即使在有些時代，哲學必須與科學發現或神學結論保持一致，也不例外。

柏拉圖對哲學的看法，最著名的是他的理念論。他宣稱哲學思考能夠把握「理念」[8]（他沒有專門的術語，常用希臘文一個習語，相當於「某物自身」，但譯成英文不能說明什麼問題）。有時他給人一種印象，好像理念是哲學的頂點和核心，這當然是對理念的稱頌，因為柏拉圖堅持用對話體寫作，並沒有提出關於理念的系統「理論」。理念出現在對話錄各處，好像蘇格拉底以及其他人已經很熟悉這個思想，但柏拉圖

---

8　「理念」（*eidos*，idea）一詞英文或譯作idea或譯作form。本書作者即用form，很多現代柏拉圖研究者也傾向使用這種譯法，因為英文idea一詞（思想、想法、觀念）帶有主觀色彩，易引起誤解。我們都知道，柏拉圖的「理念」當然不是指人腦中的觀念。希臘文*eidos*一詞可以指看到的樣子、形狀、形式等等。

沒有明確介紹這個概念，似乎認為這是人人皆知的。但《巴門尼德篇》第一部分提出了六種反對意見，結論是：這個想法不壞，但還需要加工，方能成立。

雖然「理念」一說柏拉圖並沒有詳細解說，而且出現次數也不多，但根據為數不多的幾段討論，讀者仍極力建構一套「理念論」，力求將這一理論與柏拉圖自己的批評相參照。這可能就是柏拉圖的用意所在，但畢竟柏拉圖在表述這一思想時故意含糊其詞，因此若要從中得出明確的結論，我們還需謹慎從事。

在《蒂邁歐篇》中，在論及知識與真實見解之區別時，柏拉圖對「理念」有一番總論，以為理念隱含於知識與真實見解的區別中。(應該注意到，柏拉圖沒有考慮到我們對知識的看法可能不對應任何事物。他認為我們渴求的知識至少在原則上是可以獲得的。)但這並沒有解決理念究竟為何物的問題，而且柏拉圖的討論很難綜合在一起。

在《蒂邁歐篇》中，理念是造物的大神所依據的模式。世間萬物(包括種和屬，還有四元素)都托身於物質中，安置於空間內(柏拉圖於此處語焉不詳，後遭亞里士多德批評)。最重要的是，萬物乃是「生成」的，而理念則「不生不滅」。這便是理念與我們身邊萬物在形而上學方面的重要區別，萬物不過是「分得」理念之內蘊，或者是理念之「肖像」或「模仿」。在《理想國》《斐多篇》和《會飲篇》一些著

## 理念

蒂邁歐：讓我們來仔細討論、探究這些區別。世上是否有不依他物、獨立存在的「火」？以此類推，是否有不依他物、獨立存在的其他物？還是說，我們所看到的事物、我們通過感官感知到的一切是唯一真實的事物？是不是說，除感官感知的事物之外，別無他物？我們說，每一物均有能為理智所把握的理念，這種說法是不是無稽之談？

我們不應該僅僅說一句「事情本來如此」，不加考察和評判，便隨便把這問題打發掉。我們已然討論了許久，也不應該於正題之外再加一篇冗長的說辭。但若能簡要標舉出一些根本的分別，那便再好不過了。

下面便是我贊成的觀點。如果理智與真實意見有所不同，那麼必定有「獨立存在」之物，也就是我們感覺不到、但理智可以把握的理念。但如果有人以為，真實意見與理智沒有分別，那我們必須要將感官所感知的一切視為最穩定。但我們必須說明，二者的確有區別，因它們不是在一起生成，而且彼此相異。理智來自傳授，而真實意見則由勸誘得來。理智總伴隨明確的解釋，而真實意見則沒有。理智不為勸誘所動，而真實意見則為勸誘左右。我們不得不說，每個人都有一部分真實意見，但唯有神和一小部分人才擁有理智。

（《蒂邁歐篇》51b–e）[1]

---

1 作者的譯文有時不易理解，我參考了Loeb古典叢書的英譯文，譯者為R. G. Bury。

名段落中，柏拉圖又著重強調了這一區別。但是，世間萬物的「生成」到底是什麼意思，哪些物事「分得」理念，柏拉圖對這些問題的回答不盡相同。

有一種顯而易見的解釋，認為我們指稱具體事物的每一個名詞都對應一個理念，因此每一總稱都有一個理念(這等於將理念變成後來所稱的共相)。這種說法是完全錯誤的，它起源於對《理想國》596a一段的誤譯，這段實際的意思是：凡有理念存在之處，只能有一個理念。每一總稱都對應一理念的說法完全不着邊際。若果真如此，我們就不能理解理念為何是理智的對象、為何理念是我們必須用頭腦去努力把握的事物。此外，這也與柏拉圖的語言觀相違背，因為他堅持認為我們的語言體現的是常規和成見，語言自身絕對不能引向哲學真理(見《克拉底魯篇》，《政治家篇》262-3)。「分得理念者」「生成」，而理念「不生不滅」。「生成」的一個意思是變化，一物在某時擁有某種性質，後來則有另一性質，甚至後來獲得的性質排斥或對抗原有之性質。當然，柏拉圖有時強調我們所經驗到的世界處於流轉變遷之中，這與理念之永恆不變完全不同。這一點與理智相關。如果我們不必隨一物的變化而改變對它的認識，我們自然會更好把握一物的本性。(數學的一個特性便是其真理不隨時間改變。)但若單純以事物變化為理由，強調發生改變的事物在形而上學的意義上低於不變的事物，這理由未

免站不住腳。所幸柏拉圖還提出其他理由。

更有趣的是所謂「對立論證法」，在《斐多篇》《理想國》和《大希比阿篇》中，這是討論理念所用的最顯著的方法。其要點在於，我們可以作一個真實判斷，說在我們經驗世界中存在某物、具有某屬性，但從其他角度考察，我們也可以說它是某物的對立面。比如，長度相等的棍子寬度卻不相等；一個美貌女子勝過她的同伴，但與女神相比則相形見絀；一個行動可以為對，因兌現了許諾，但也可以為錯，因為輕率、危險，等等。有時我們發現若一味尋找對立性質，這樣的觀察角度未免失之牽強，但重要的是，我們總能找到類似的視角。因此，經驗世界中沒有一物可以完全排除其對立面，沒有一物可以宣稱自己擁有絕對的某屬性。但我們的確可以領會某物具有某屬性是什麼意思，因為當我們明白某屬性為何，便可明白這個意思。因此我們發現：理智所把握的對象不是經驗世界中的物事，因後者既可以具有某屬性也可以有對立的屬性。理智所把握的是物之本體，是我們在頭腦中領會的一物的理念。

這種說法可以讓我們明白，為何柏拉圖要將存在與生成的區別緊密聯繫於知識和意見的區別。這也說明他為什麼要強調變化，因為一物從這方面來看具有某屬性，從另一方面看則具有對立的屬性，這正顯示一物的變化。問題在於，這種說法認為，只有含有對

圖11　拉斐爾在《雅典學院》中所繪的柏拉圖和亞里士多德

圖12 拉斐爾在《聖體辯論》中所繪殉道者查士丁[1]

---

1 殉道者查士丁（Saint Justin Martyr，約公元100–165），早期基督教神學家，以所作兩篇《護教論》最知名。查士丁致力於將柏拉圖主義與基督教思想打通，後於165年在羅馬殉教。

立面的詞語方具備理念。柏拉圖有時好像意識到此點（而且將其作為立論的基礎），但在其他地方，他不加論證便擴大了理念的「範圍」。

雖然我們試圖將柏拉圖論述理念的全部觀點綜合在一處，但這個問題就像柏拉圖自己提出的六種反對意見一樣，沒有得到解決。柏拉圖自已也沒有宣稱有最後定論。在《巴門尼德篇》中，他讓一位年高德劭的哲人對蘇格拉底說，理論需在往復辯論中加以淬煉，這也正是柏拉圖對我們的勸告。

## 結論：哲學

研究柏拉圖的日本學者納富信留指出，西方哲學在 19 世紀引入日本時，日本人曾造「哲學」一詞來加指稱。[9] 雖然我們所稱的哲學各門（比如宇宙論、邏輯學、道德哲學、政治哲學）在東方思想傳統中早已非常發達，但這些研究並沒有被納入「哲學」領域。即使在西方傳統裏，這些研究也沒有被整合成一門根本的學問。納富信留和許多人一道，發現柏拉圖首次將

---

9　納富信留(Noburu Notomi)是日本慶應義塾大學(與早稻田大學齊名的私立大學)的准教授(相當於我們的副教授)。有英文著作 *The Unity of Plato's Sophist: Between the Sophist and the Philosopher*(Cambridge University Press 1999)。北京大學日語系彭廣陸教授幫助查找到該作者的相關信息，特此感謝。tetsu-gaku就是「哲學」一詞的日語讀音以羅馬字母拼寫出的形式。

## 柏拉圖畫像

柏拉圖最著名、也是流傳最廣的畫像出自拉斐爾的壁畫《雅典學院》。這幅壁畫是為教皇尤里烏斯二世(Pope Julius II)的圖書館所畫。這幅描繪古代哲學的壁畫深受文藝復興時期柏拉圖主義復興思潮的影響，壁畫的中心是柏拉圖和亞里士多德。柏拉圖一手握《蒂邁歐篇》，一手指天，而亞里士多德一手拿《倫理學》，注視柏拉圖高舉的手，另一手向前伸出。二人手勢不同，顯示出亞里士多德更關注以哲學原則理解人世，而柏拉圖則執意思索抽象的理論原則自身。在壁畫中，特別強調了《蒂邁歐篇》中對世界內在結構的數學思考。柏拉圖站在畢達哥拉斯和歐幾里得(Euclid)中間，他的面容不像古代半身雕像，倒更像同時代的數學家萊奧納多 · 達 · 芬奇(Leonardo da Vinci)。文藝復興時期，柏拉圖也是影響基督教的重要哲學家。在對面牆壁上，拉斐爾對三位一體的刻劃深受當時新柏拉圖主義者的影響。查士丁本是公元二世紀柏拉圖派哲學家，皈依基督教之後殉教。他在圖中也和柏拉圖一樣，一手指天，不過他指向的是耶穌基督的道成肉身。在教皇尤里烏斯的思想框架中，異教哲學的最高成就以微縮的形式重現於基督教核心思想的表現中。

哲學當作一整體的知識體系，他是將哲學界定為尋找理智和智慧、優於其他門類知識的第一人。柏拉圖也是將哲學體制化的第一人（「學院」一詞便得自柏拉圖），他認為哲學需要以系統方式追求真理，並完全依靠與他人和自我的辯論。難怪後世的教條主義和懷疑派都宣稱繼承了他的衣鉢，他的對話錄兩千年來也被解釋得千奇百怪。歸根結底，他最深刻的道理並不是我們應當相信理念的存在，或美德之重要，而是說，為了理解這些問題，我們應當與他深入對話，與我們同時代人深入探討。

# 參考書目

## Chapter 1

The issue discussed in connection with the jury passage in the *Theaetetus* was first clearly raised, and its importance stressed, by Myles Burnyeat in 'Socrates and the Jury: Paradoxes in Plato's distinction between knowledge and true belief', *The Aristotelian Society Supplementary* Volume LIV (1980), 173–91.

## Chapter 2

Alice Riginos, in *Platonica*, the anecdotes concerning the life and writings of Plato (Brill, Leiden, 1976) shows the fragility of the ancient traditions about Plato. (See pp. 64–9 for Egypt stories; pp. 9–32 for Plato's 'Apollonian nature'; pp. 35–40 for Plato's name; and pp. 70–85 for Plato's political involvements.) For details about Plato's family, see J. K. Davies, *Athenian Propertied Families* (Oxford University Press, 1971). For Socrates, see C. C. W. Taylor, *Socrates* in the Oxford University Press Very Short Introduction series, and also the articles in Paul Vander Waerdt (ed.), *The Socratic Tradition* (Cornell University Press, 1994).

## Chapter 3

See Andrea Nightingale, *Genres in Dialogue: Plato and the Construct of Philosophy* (Cambridge University Press, 1995) for Plato's demarcation of philosophy from other literary genres. The Anonymous Commentator on the *Theaetetus* (quoted at column 54, 38–43) is a dogmatic Platonist who here records the position of the sceptical Academics. His date is uncertain, and may be from the 1st century bc to the 2nd ad. Plutarch of Chaeronea is a 2nd-century ad dogmatic Platonist writer, best known for his historical biographies, who has sympathy for the sceptical tradition. The quotation from Cicero is from *Academica* II 46; that from Sextus is from *Outlines of Scepticism* I 221–3. For an introduction to 'Atlantis studies', see Richard Ellis, *Imagining Atlantis* (New York, Random House, 1998).

**Chapter 4**

For Augustine, see *City of God*, Book VIII, especially Chapter 5. Serious recent study of ancient homosexuality begins with K. J. Dover's *Greek Homosexuality* (London, Duckworth, 1978). For an up-to-date discussion, see James Davidson, *Courtesans and Fishcakes: The Consuming Passions of Ancient Athens* (London, Fontana, 1998). Tom Stoppard's *The Invention of Love* is published by Grove Press, New York (1997).

**Chapter 5**

Plato's assumptions about happiness are clear in the *Euthydemus and Philebus*, though he does not lay them out explicitly as his pupil Aristotle was to do in his *Nicomachean Ethics*. The Euthydemus is the major passage in which Plato develops the idea that it is the use of things that matters, and that they don't have value in themselves; a modified version of this can be found in the first two books of the *Laws*. Apology, Crito, and *Gorgias* are the major sources for Socrates' uncompromising commitment to the position that virtue is sufficient for happiness. Plato's views about education and the relation of the individual to community and to political society are to be found in the *Statesman and Laws*, as well as the more familiar *Republic*, whose 'ideal state' has been read in a literal-minded way, and over-emphasized, by many interpreters.

**Chapter 6**

Plato's arguments about the soul can best be encountered in the *Phaedo*, *Republic*, *Phaedrus*, and *Laws*. A collection of recent articles which forms a good introduction to the major issues is *Essays on Plato's Psychology*, edited by Ellen Wagner (Lexington Books, 2001).

**Chapter 7**

Plato's difficult dialogue *Timaeus* is translated with a long introduction by Donald Zeyl (Hackett, Indianapolis, 2000). A short introduction to important issues in Plato's approach to cosmology is Gregory Vlastos, *Plato's Universe* (Oxford University Press, 1975). Arguments about Forms, and about knowledge, are treated in papers reprinted in Gail Fine (ed.), *Plato I* (Oxford University Press, 2000). Plato's metaphysics and epistemology are the subject of much of the introductory literature mentioned under 'Further reading'.

The comment by Noburu Notomi is from the introduction to his book *The Unity of Plato's Sophist* (Cambridge University Press, 1999). In my *Ancient Philosophy: A Very Short Introduction*, Chapter 6, I say a little more about philosophy in the ancient world and about Plato's role as establishing philosophy as a subject.

# 推薦閱讀書目

There are now available many recent translations of all of Plato's dialogues. The complete works are available in *Plato, Complete Dialogues*, edited by John Cooper (Hackett, 1997). Several dialogues are also available in individual Hackett translations, and also in recent translations published by Penguin and in the Oxford World's Classics series. Individual dialogues are all available in inexpensive paperback editions. If you become interested in Plato, you are well advised to read a dialogue in several translations, to get some idea of difficulties in the text.

The Clarendon Plato series contains new translations accompanied by philosophical commentary; these are for someone with a more advanced interest.

Several recent collections highlight problems of method in reading Plato, including Charles Kahn, *Plato and the Socratic Dialogue* (Cambridge University Press, 1996); C. Gill and M. M. McCabe (eds.), *Form and Argument in Later Plato* (Oxford University Press, 1996); J. C. Klagge and N. D. Smith (eds.), *Methods of Interpreting Plato and his Dialogues*, Oxford Studies in Ancient Philosophy Supplementary Volume, 1992; J. Annas and C. J. Rowe (eds.), *New Perspectives on Plato, Modern and Ancient* (Harvard University Press, 2002).

There are many short introductions to Plato in standard reference works. (The articles on Plato in the new *Oxford Classical Dictionary* and in *Greek Thought: A Guide to Classical Knowledge* by Harvard University Press were written by me.) Richard Kraut (ed.), *Cambridge Companion to Plato* is a useful introduction to various aspects of Plato and has good bibliographies, both on individual dialogues and on Platonic topics. Christopher Rowe's *Plato* is a good medium-length survey. Christopher Gill, *Greek Thought* is excellent background to Plato's ethical and social thought. Gail Fine, *On Ideas* is a thorough examination of the arguments for Forms and Aristotle's criticisms of them.